日台関係研究会叢書 4

日台関係を繋いだ台湾の人びと

浅野和生 編著

展転社

序文

本書は、日台関係研究会叢書四として出版される。本会は、平成七年（一九九五）六月に創立され、爾来二十二年が経過した。叢書は、本会の活動の成果として世に問うものであり、平成二十六年（二〇一四）、同二十七年（二〇一五）、同二十八年（二〇一六）に続く出版である。今回も、浅野和生本会事務局長（平成国際大学教授）の企画・編集のもと、問題意識を同じくする本会関係者が集まってまとめられた。

現在、日本と台湾の間は、極めて良好な関係を維持している。一九七二年以降、不幸にして、日台間の国交は断たれたまま、はや半世紀近くが経過している。政治・軍事などの分野を除いて、経済・文化の交流は実に活発である。両国民の往来も盛んであり、両国間の実務関係は濃厚である。私どもが忘れられないことは、東日本大震災の発生の際、台湾から寄せられた物心両面の際立った支援であった。日本国民の台湾の人びとへの感謝も一入である。しかし、これほどの国家関係なのに正式な外交関係を欠く不正常な関係が続いている。

それでも両国を繋ぐ糸は幾重にも撚り上げられ、その結びつきは太さを増し、強固なものとなっている。本年に入って、両国の窓口機関である交流協会、亜東関係協会の名称は改められ、ともに「日本」「台湾」の名称が付けられて、どことどこの交流組織であるかが明瞭となった。前進であり、両国関係は新たなページを開いたといってよい。こうした日台関係の維持・発展は、多くの日本と台湾の人びとによる艱難を乗り越えた貢献の賜であることはいうまでもない。

本書は、こうした人びとのうち、台湾側の四名を取り上げて、その事蹟を紹介する。辜振甫氏（一九一七〜二〇〇五）、江丙坤氏（一九三二〜　）、許世楷氏（一九三四〜　）、曽永賢氏（一九二四〜　）の各氏であり、また本年七月に逝去された蔡焜燦氏（一九二七〜二〇一七）への惜別の辞も加えている。

いずれもが日本で学び、その経験を台湾の発展と今日の日台関係の発展に寄与された「日台の絆」となった台湾人である。辜振甫氏は、台湾経済が飛躍的な発展を遂げる一九六〇年代以降、台湾経済界の重鎮として様々な要職を務めるとともに、一九八〇年以降には台湾の重要な政策決定に常に関わり、一九九〇年代には李登輝総統が信頼するブレーンの代表的人物であった。また、一九七二年九月の日台国交断絶以前は、日華協力委員会の台湾側主要メンバーとなり、断交後は亜東関係協会常務監事や東亜経済人会議の台湾側会長を長らく務めるなど、日本の政財界と密接な関係を築かれた。故中嶋嶺雄氏が主導されたアジアオープンフォーラムの台湾側の団長も長らく務められた。

江丙坤氏は、東京大学で博士の学位を取得後、台湾政府の経済部で国際貿易の発展に携わり、ＧＡＴＴやその後のＷＴＯへの加盟に多大な貢献をされた経済界の重鎮である。現在も、日台間の企業間交流に尽力され、東京スター銀行会長として、良好な日台関係の第一線に立ち続けている。

許世楷氏は、台北駐日経済文化代表処の代表（台湾の駐日代表）を務められ、日台関係の発展に貢献された。同氏は、長らく日本の大学で教鞭をとった学者であったが、台湾民主化以前、日本において台湾独立運動家として活動し、その活動が当時の国民党政府の監視対象となり、危険人物として三十三年間もの間、祖国台湾に戻ることができなかった。台湾の民主化に伴い、在日代表として赴任、長い滞日期間に培った資源を活用し、良好な両国関係の構築に尽力された。

曽永賢氏は、李登輝総統、陳水扁総統時代に台湾政府の国策顧問、総統府資政として重用され、台湾の中国政策、対日政策の立案に深く関わってこられた。台湾事情に精通した方には周知であっても、同氏の名前は、辜振甫、江丙坤、許世楷の各氏と比べ、一般の方には知られていない。かつて共産主義者となって台湾社会の革命改造を希望した時期もあった同氏だが、逮捕後に転向、その経歴を活かして中国問題研究の専門家となり、前述のように台湾の対外政策の立案に政権内部で深く関わってこられた。日台間の国交断絶を機に設けられた台湾の政府関係機関と日本の学者専門家の有志が設立した大陸問題研究会議に三十数年にわたって関与され、多くの日本側関係者との貴重な人脈・パイプを築かれた。

蔡焜燦氏は、現代の台湾の日本語世代の代表的存在として、日台交流に尽力、愛日家を名乗り日本の台湾統治を肯定的に評価された「老台北」としてよく知られている。蔡氏には、日台関係研究会発足後、程なくして講演をお願いした。本会会員の訪台の折には、しばしば歓待にあずかり、古き台湾人の心の内を聞かせていただいた。同時に、それは忘却の彼方に置き去りにされてきた古き良き日本を彷彿とさせるものでもあった。蔡氏は日台関係研究会にとり、「忘れられない」恩人の一人である。今年七月に逝去された同氏に追悼文を捧げる。

日台関係は、「日台の絆」となった多くの人びとに支えられて発展してきた。本会としても、そうした方々を折々ご紹介できればと思っている。別の機会をお待ち願いたい。

本書の執筆者に共通するのは、日台関係がよき隣人関係でありたいと願う率直な意識である。これこそが本書に通底する認識であり、日台関係研究会設立の思いでもある。申すまでもなく、台湾は、日本にとって自由と民主主義の価値観を共有する隣国である。国交は断たれているものの、両国間の歴史、経済、文化の関係は大切な絆を構成するものだ。四面環海の日本の安全にとって、地政学上も極めて重要なパートナーであることを忘れてはならない。本会は、こうした関係を一貫して「運命共同体」と呼んできた。他の隣国との関係を顧みれば、良き隣人関係を築ける間柄の台湾との関係は格別のものだと思う。本書には、価値観を共有する、よき隣人の来し方を知り、行く末をもとに考える材料が満載されている。多くの方々に台湾の人びとをもっと知っていただくことは、日本自身のためにもなる。多くの方々に本叢書をご紹介したい。

冒頭にもふれたように、日台関係研究会は、今年で創立二十二年が経過した。本会は毎月の例会を欠かすことなく実施し、年次大会も開催してきた。叢書刊行開始以前、すでに本会関係者の執筆にかかる書物は十四冊を数えている。もちろん、こうした活動は、国内外の多くの人びとのご支援なくしては継続できない。この度の叢書刊行の機にも、改めて深く感謝を申し上げたい。

平成二十九年十二月

平成国際大学教授・日台関係研究会会長　酒井正文

目次

日台関係を繋いだ台湾の人びと

序文　1

カバーデザイン　古村奈々 + Zapping Studio

第一章　辜振甫と日台関係

国立台湾師範大學博士課程　渡邉耕治

はじめに

辜振甫（一九一七年一月六日〜二〇〇五年一月三日、享年八十七歳、字は公亮）は、一九六一年から三十年間に亘って日本の経団連会長に相当する台湾工商協進会会長の職を務めた著名な財界人である。この外、一九九一年、中国との民間交流の台湾側窓口機関である「海峡交流基金会」初代理事長に就任して、一九九三年四月、シンガポールにおいて中国側窓口機関である「海峡両岸関係協会」会長汪道涵と歴史的な会談を行った。この会談は一九四九年中台分裂以来、双方の最高レベルの接触であった。さらに、一九九〇年代にはAPEC（アジア太平洋経済協力閣僚会議）の非公式首脳会議において、辜振甫は李登輝総統の総統特使として数回参加して、米国クリントン大統領をはじめ日本を含む各国首脳と対話を重ねたことで知られている。つまり、辜振甫は台湾経済が飛躍的な発展を遂げる一九六〇年代以降、台湾経済界の重鎮として様々な要職を務めるとともに、一九八〇年代以降には台湾の重要な政策決定に常に関わり、一九九〇年代李登輝総統が信頼するブレーンの代表的人物であった。

日本との関係については、一九七二年九月下旬、日本と台湾が国交を断絶する前、辜振甫は日華協力委員会の台湾側主要メンバーであり、断交後は亜東関係協会常務監事や東亜経済人会議の台湾側会長を務め、日本の政財界と密接な関係を築いた他に、断交前の一九七一年に日本政府から勲一等瑞宝章を受勲、さらに、二〇〇三年には早稲田大学から名誉博士号を授与されている。

本章は、日本統治下の台湾で日本の学校教育を受けて育ち、戦後国民党政権の下で対日関係に携わった辜振甫の生涯を略述するものである。

日本統治時代の辜振甫

辜振甫は一九一七年一月六日、台北大稻埕（現在の台北市大同区西南部）の淡水河の畔に、辜顕栄と施過（三番目の妾）の間で生まれた子である。辜顕栄は四十六歳の時に四男辜岳甫が誕生するまで、血縁のある男児誕生に恵まれなかったため、生涯で計五人の妾を囲い、辜振甫が出生した時は五十一歳であった。辜振甫は戸籍上辜顕栄の五男であるが、長男・次男・三男は養子であり、また、兄弟は兄四人と弟三人の他、姉三人と妹一人であるが、全て母親が異なる異母兄弟である。

父親の辜顕栄は日本統治時代積極的に台湾総督府と協力して、台北保甲局総局長や台湾総督府評議員等の職を経て、一九三四年台湾人初の貴族院議員に勅選され、一方で台湾総督府から樟脳や製塩等専売の特権を獲得して財産を築き、さらに専売で得た利益を投資して成功を収める。つまり、日本統治時代、辜顕栄は台湾総督府と密接な関係を保ちながら、新興の台湾土着資本家として台湾政財界にその名を連ね、台湾五大財閥の一つに数えられる「鹿港辜家」の礎を築いた人物である。さらに、辜顕栄は一九三七年十二月に逝去した時、日本政府から贈従五位を授かっており、対日協力者としての世評が定着している。一方で、辜顕栄は強烈な中華民族意識が備わっていたため、日頃から家族らに「身は台湾にあれども、心は故郷にある」と言い、生涯日本語を学ばず、日本名にも改姓せず、孔子や孟子の儒学を尊び、中国の伝統文化や芸術を尊重して孔廟再建に尽力したことで知られる。

財閥の家に生まれた辜振甫は、自宅で私塾教育を受けて、清朝末期の秀才辜捷恩から漢文の基礎と中華伝統文化を学び、六歳頃までに『唐詩三百首』や『四書五経』を暗誦した。しかも、兄弟の中で最も怜悧な子であったため、父親から寵愛を受けたと言われる。また、辜顕栄は英国人家庭教師を招聘したため、辜振甫は幼少期から英語に接して育った。辜顕栄が英語教師を招聘した理由は、清朝統治時代末期、辜顕栄は頻繁に台湾海峡を往来して上海、福州、廈門、香港等の地で砂糖や石炭の商売を営んでいた時、洋務運動を目の当たりにしたためである。当時清国は積極的に外国資本を導入して、合弁、民営、公私合営企業を次々に設立して工業化や近代化を興していたため、辜顕栄は国際環境の変化と時代の変遷を間近で見取るとともに、清国は外国と交易を通じて先進的な科学技術を導入し、中国の商業都市が驚異的に発展していく状況を目にしたため、今後外交あるいは商務の交流や交渉において英語が不可欠であると認識して、辜振甫に英語を学習させたと思われる。

辜振甫は日本統治下の台湾で日本の学校教育を受けて成長する。一九二五年、辜振甫が入学した太平公学校（現在の名称は太平国民小学）は、台湾人子弟のために設立された学校である。太平公学校で三年間学んだ後、辜振甫は樺山小学校（戦後国民党政権が接収した後、廃校になる）に編入学する。台湾総督府は一九二二年二月に「第二次台湾教育令」を発布して、台湾における教育機会の均等のため、中等学校以上の教育機関において台湾人学生は日本人学生と同一の教室で学ぶ日台共学制度を実施する。初等教育に至っては、従来日本人児童は小学校へ、台湾人児童は公学校に入学する制度を改めて、国語（日本語）を常用する台湾人児童は小学校へ、常用しない児童は公学校へ入学する制度に変更した。

しかしながら、全ての教育機関において台湾人は均等な教育機会を与えられた訳ではなく、多くの学校で台湾人に対する入学制限を実施する等の教育差別は解消されなかった。しかし、辜振甫は「第二次台湾教育令」の恩恵に与り、樺山小学校に編入学した後、台湾人にとって非常に狭き門であった台湾総督府が所管する台北高等学校（現在の国立台湾師範大学、以下台北高校とする）尋常科に入学する。

戦前、日本では計三十八校の旧制高校が設立され、このうち七年制の旧制高校は僅か九校のみであったが、台北高校は東京高等学校に次いで二番目に設立された七年制の高等学校である。卒業生は計二千六百二十六人、このうち台湾人は五百九十一人で、全体の約二十二・五％である。四年制の尋常科は一九二二年に設立され、定員は四十名、一九二五年に増設された三年制の高等科は定員百六十名であった。しかし、高等科は尋常科から内部進学した学生を含めて定員百六十名であったため、入試の募集人数は百二十名であった。一九二二年から一九四二年までの入試結果によると、尋常科において台湾人受験者の合格者数は平均四・六人、合格率平均四％であったのに対して、日本人の合格人数は平均三十五・九人、合格率平均二十一％であった。高等科では、一九二五年から一九四二年までの間、台湾人受験者の合格者数は平均二十・五人、合格率平均十一％であったのに対して、日本人の合格人数は平均六十六人、合格率平均二十二％であった。また、高等科の入試において、合格者は募集人数の百二十名未満の年度が多々あったため、たとえ定員割れになったとしても、合格基準に達しなかった受験者は不合格にしたと思われる。辜振甫が生涯で唯一受験した一九三〇年度尋常科の入試（入試科目は国語、算数、歴史、理科、身体検査、面接）は、台湾人受験者七十一名のうち合格者四名、合格率六％に対して、日本人受験者百五十四名のうち合格者三十六名、合格率二十三％であった。つまり、辜振甫は難関を突破しての台北高校入学であった。

一九二三年から一九三七年までの間、台北高校尋常科に入学した学生の出身別小学校の統計によると、五百九十六名のうち四百三十三名（全体の約七割）が台北市内の付属小学校（百四十七名）、南門小学校（七十六名）、旭小学校（六十二名）、建成小学校（五十一名）、寿小学校（四十七名）、樺山小学校（五十名）、以上六つの小学校に集中していた。したがって、辜振甫は太平公学校から樺山小学校に編入学する際、台北高校尋常科の受験も考慮して、編入学先の小学校を選択したと思われる。

台北高校に入学するメリットは、もし尋常科の入試に合格した場合、以後無試験のエスカレーター方式で台北帝国大学（国立台湾大学の前身）に進学出来たことである。この制度について、国立台湾師範大学台湾史研究所教授の蔡錦堂氏は、「台北帝国大学は日本統治下の台湾において最高学府であるが、しかし、入試の難易度から見ると、台北高校の方が遥かに狭き門であった」と指摘する。

台北高校は多くの英才を世に送り出した学校であり、辜振甫の他に同校を卒業した著名な台湾人は、李登輝（元台湾総統）、徐慶鐘（元行政院副院長）、戴炎輝（元司法院院長）、周百錬（元監察院副院長）、劉闊才（元立法院院長）、洪壽南（元司法院副院長）、林金生（元考試院副院長、元交通部部長、元内政部部長）、施純仁（医師、元行政院衛生署署長）、林挺生（元大同公司理事長、大同大学創業者）、魏火曜（医学者、中央研究院院士）、李鎮源（薬理学者、中央研究院院士）、邱永漢（作家、経済評論家、一九五五年第三十四回直木賞受賞）、王育徳（台

湾語研究家、台湾独立運動家）、辜寛敏（実業家、台湾独立運動家、辜顕栄の八男、辜振甫の異母兄弟）等であり、戦後国民党政権下において政界、医学界、文学界、財界、教育界、司法界等様々な分野で活躍した人物である。

台北高校はエスカレーター方式の無試験で台北帝国大学に進学出来たといえども、他の旧制高校と同様、学業成績の悪い学生は進級することが出来ず、毎年留年する学生がいた。辜振甫は台北高校在学中特権階級のような態度で振舞う日本人学生に対抗意識が芽生え、勉学に励んで尋常科を上位五番以内、高等科に至っては首席で卒業する。

漢文、英文、日文はそれぞれ異なる言語であり、その教え方や文化的背景は異なる。辜振甫は小学校時代にその違いを殆ど気に掛けることはなかったが、台北高校在学中に異なる文化的特質に関心を抱き、文化的ギャップに悩みつつ、徐々に文化的融合を達成することが出来たと回想する。また、辜振甫は幼少期から文学、京劇、絵画を慈しみ、台北高校においては積極的に読書会に参加し、新しい書物や海外の著名著書で会得した知識を同級生等と議論して鍛練を積み、自らの人生観と世界観、即ち、人生をよりよく生きるための知恵と知識を学んだ。この外、尋常科在学中に台湾全島の中学卓球大会で優勝して明治神宮大会に出場した経験があり、高等科在学中には、文芸社クラブに入部して校内雑誌『翔風』の編集委員長を務め、さらに、短編小説を投稿して文学を慈しむ学校生活を送った。

一九三七年三月、辜振甫は台北高校高等科を首席で卒業した後、台北帝国大学文政学部政学科に入学するが、当初東京帝国大学に進学することが決まっていた。しかし、家庭の事情により、東京帝国大学の進学を断念せざるを得なかった。その理由は次の通りである。父親の辜顕栄は一九三五年九月狭心症に罹り、その後、一九三六年十二月西安事変が発生して中国全土の反日気運が高まる中、辜顕栄は日本政府の命を受けて訪中する。その帰国途中、心労と過労によって狭心症が再発して、一時昏睡状態に陥ったため、医師から絶対安静を命じられた。当時辜顕栄は七十歳であり、四男辜岳甫は既に逝去し、七男辜京生と八男辜寛敏は中学生であったため、辜振甫は台湾に留まる決断を下した。つまり、辜振甫は父親の死期が迫っていることを悟り、若し父親が逝去した場合、辜振甫が家業を継ぎ、父親が経営する五つの企業を引き継がなければならなかったため、政治・法律関係の授業だけでなく、経済や企業経営関連の授業も履修出来る台北帝国大学文政学部政学科に進学したと思われる。

盧溝橋事件発生後、辜顕栄は医師の忠告を聞かず、日中間の軍事衝突を打開するために一身を賭して貴族院議会に出席するが、体調を更に悪化させて、一九三七年十二月東京で逝去する。当時辜振甫は大学一年生であり、弱冠二十歳で父親が経営していた五つの企業を引き継いで取締役に就任する。以後、辜振甫は二足の草鞋を履き、大学に通いながら会社経営を行う大学生活を送る。しかし、辜振甫は経営者としては全く実務経験が無く、一知半解の知識で実務に携わらずを得なかったため、日々取締役として相応しいか否か自問していた。さらに、学業と会社経営の両立は困難を極め、授業を欠席せざるを得ない日、あるいは学業のためにビジネスに立ち会えない日が多々あった。したがって、多忙な大学生活を送るが、辜振甫は最短の三年で大学課程を修了して一九四〇年に卒業する。大学在学中の学業成績は二十二科目履修して、十四科目が「優等」、六科目が「良」、「行政法諸法」と「行政法各論」の二科目のみ「可」であった。この成績について、辜振甫は「この成績表は問題がある」と述べ、大学在学中学業に専念出来なかったことを回想する。

台北帝国大学卒業後、辜振甫は取締役の職を辞任して、会社経営を全て弟の辜偉甫（当時台北帝国大学農林学部に在学中）に譲り、東京に遊学する。当時多くの台湾企業では依然家族式経営が主体であり、経営方法も日本より遥かに立ち遅れていたため、辜振甫はこの状況を顧みて、台湾の前途は憂慮すべき事態に陥っていると認識する。このため、日本企業の経営管理システムと組織構造を研究することで、台湾企業の経営方式が改善され、やがて日本に追いつき、追い越すことが出来るのではないかと考え、日本へ修行に行く。東京滞在中、辜振甫は東京帝国大学財政学研究所で財政と商工業の経営管理を研究するとともに、実務経験を積むために大日本製糖株式会社に勤務する。入社時は事務会計の仕事からスタートして、月給は七十五円であったが、入社直後は帳簿が合わなかったことがあり、その時は自腹を切って補填していた。台湾で五つの企業を経営していた日々と比較して、辜振甫は「日本での日々は、何も憂うことがなく、責任もなく、ひたすら勉強に没頭した」と回想する。

一九四三年十二月に帰国した後、辜振甫は辜家関連企業の大和繊維工業会社代表取締役、台北市勧業信用組合理事長、台湾茶葉企業会社副取締役、台湾商工経済会常務理事、大成火災保険会社常務理事等の職に就くが、戦時体制と経済統制の状況下、辜家企業の基盤であった製糖工場や塩田は日本企業に吸収合併され、終戦時に残っていたのは水田のみであった。このため、辜振甫は日本で学んだ企業経営管理の知識は発揮することが出来なかった。一方、政治面においては、辜振甫は台湾総督長谷川清から皇民奉公会総務次長に任命され、一時労働奉公隊の一隊を率いて宜蘭に派遣された。この外、弱冠二十七歳で台湾総督府評議員に任命されたため、父親と同様、辜振甫は対日協力者としての世評が定着することになる。黄天才と黄肇珩の著書『勁寒梅香：辜振甫人生紀実』によると、辜振甫は台湾総督府評議員に就任した後、保甲制度の廃止を提案して一九四五年六月に廃止されたと記述している。しかしながら、実際は辜振甫が台湾総督府評議員に就く前から保甲制度廃止を巡る議論は行なわれていたため、保甲制度の廃止は辜振甫の功績に依るものではない。

「台湾独立計画」事件

一九四五年八月十五日、昭和天皇の「玉音放送」によって、日本の台湾統治は終焉する。八月三十一日、林献堂、許丙、辜振甫を含む地方名士は訪中して、上海で台湾省行政長官に就任する陳儀と会談した後、九月九日南京で挙行する「中国戦区降伏式」に出席する予定であった。しかし、台湾軍参謀長諫山春樹が欺いたため、式典に参加することが出来なかったが、式典を挙行した翌日に何応欽（当時の職務は中国戦区中国陸軍総司令兼軍事委員会参謀総長）と会談する。

「玉音放送」発表後、台湾総督の安藤利吉は『台湾総督府官報』で日本が敗戦したことを告知するとともに、台湾島民に対して軽挙妄動を誡めて善後措置を待つように諭告する。しかし、地位と利益が日本と緊密に依存していた一部の台湾人にとって、日本の敗戦は痛惜であった。日本敗戦後、台湾総督府警務局は「大詔渙發後ニ於ケル島内治安狀況並ヒ警察措置」を作成し、その中で治安状況について、次のように記述している。日本に依存していた一部の台湾人は国民党政府が台湾を接収した後、国民党政府による精神的迫害行為、生命と財産の不保全の行為を恐れるとともに、国民党政府の苛斂誅求、土寇横行、賄賂政治を蔑んでいたため、台湾の実情に即した自治あるいは台湾独立を提唱した。また、同文書では台湾独立を提唱した二つの事例を記述している。第一に、新竹州会議員及び資産家であった黄維生は、国民党政府が台湾を接収した後の社会状態や品行不良な行為を予想して、自己の生命と財産を守るために、日本政府容認の下で、台湾独立は必ずしも不可能なことではないと認識して、新竹州庁に独立運動の容認を求めた。第二に、台中州在住の楊逵（本名は楊貴）は、台湾接収後国民党政府の専恣横暴を予想して、国民党政府を牽制するには同志の思想基盤の強化が必要であると主張した。楊逵が台湾独立を画策していたことは、林献堂の日記『灌園先生日記』にも記述されている。一九四五年八月二十三日、楊逵と李喬松が林献堂を訪問した際、彼らは解放委員会の宣伝ビラを所持していたため、林献堂は軽挙妄動を誡めるよう忠告した。

戦後陳儀や中国国民党台湾省党部より逸早く台湾に遣って来た「三民主義青年団」は、国民党政府先遣隊が台湾に来るまでの間、「歓迎国民政府籌備会」や「三民主義青年団台湾区団」等の組織を設立して、台湾光復を歓迎する準備や治安維持及び公共財産を保護する任務を担った。一方で新たな時代に希望に満ちた台湾人、特に日本の台湾統治に批判的だった人々はこれらの組織に加入する。その後、新聞を通じて台湾人漢奸、即ち、台湾総督府と密接な関係を築いた「対日協力者」に対する批判を展開する。十月十四日『台湾新報』において、日本統治時代の「対日協力者」に対して政治的退出と反省を呼び掛けた。さらに、彼らは「対日協力者」だけでなく、戦時中皇民奉公会に参加した地方名士にも目を向けて退出と反省を求めた。戦時中皇民奉公会に参加した地方名士は、辜振甫の他に、小説家の林呈禄、政治活動家の林献堂、台湾初の医学博士号を取得した杜聡明らであるが、彼らは自ら志願して皇民奉公会に参加した訳ではなく、戦時体制下台湾総督府の命を受けて参加せざるを得なかったのである。日本統治時代の反主流派がこのような行動に出た要因は、戦後国民党政府の主流派になるためであった。即ち、八月末から九月上旬にかけて辜振甫や林献堂らが陳儀を含む国民党政府要人と接触したことについて、彼らは日本統治時代だけでなく、戦後においても引き続き台湾社会で主導的地位を維持するためであると看做し、辜振甫等の行動に危機感を抱き、それに対する反発であったと思われる。しかしながら、日本統治時代の反主流派は辜振甫らに社会的批判を展開したといえども、刑事処罰を求めた訳はでなく、若干年の公民権停止程度の処分を求めたに過ぎなかった。

日本敗戦から八月末までの間、各地で台湾独立を唱える者が出現する中、最も名高いのは辜振甫らが企てた「台湾独立計画」事件であると言われる。一九四七年七月、台湾省警備総司令部は軍事法廷（場所は現在五つ星ホテルで有名なシェラトン・グランド台北ホテル）において、辜振甫らを「陰謀竊據國土（国土の不法占拠を陰謀した罪）」、即ち、内乱罪により禁錮二年二ヶ月の刑に処した。判決文の概要は次の通りである。

辜振甫と林熊祥は前任の台湾総督府評議員であり、許丙は貴族院議員の職を務め、彼らは日中戦争において祖国中国の意識が全く無く、敵に媚び諂って栄華を求めた。一九四五年八月十五日「ポツダム宣言」に基づき、台湾は中華民国に返還されることになり、多くの人々は喜び祝ったが、辜振甫らは降伏を容認出来なかった台湾軍参謀の中宮悟郎及び牧澤義夫と台湾自治草案を立案する。彼らは内乱を陰謀して中華民国の国体を破壊し、台湾独立を妄想して、台湾を不法に占拠しようとした。同年月十六日と十七日、辜振甫は台北市末広町木材会館において許丙ら十名以上の者を集めて台湾独立を企てるが、事が発覚して、台湾総督安藤利吉がこの計略を聞き及ぶことになる。同年月二十二日辜振甫らは安藤総督と会合した時、安藤総督は軽挙妄動を誡める命令を発するとともに、決然たる決意で台湾独立あるいは自治の画策に断固反対することを明示したため、辜振甫らは八月二十四日に台湾独立計画を断念した。……一九四六年二月二十二日に彼らを検挙及び拘留した後、同年四月下旬軍事法廷に移送した。以上が判決文の概要である。

一九四五年九月台湾義勇隊李申巧隊長は、未遂に終わった「台湾独立計画」事件について電報で国民政府に伝達していたため、台湾省行政長官公署の陳儀は中国に帰服することを望まない一部の台湾人の存在を知っていた。一九四六年一月台湾警備総司令部は「漢奸総検挙」を実施して数百名の台湾人を漢奸容疑で逮捕した後、翌二月に辜振甫を漢奸容疑で逮捕した。その後、辜振甫の罪名は漢奸罪から内乱罪に切り替わり、一九四七年七月軍事法廷において、辜振甫は有期徒刑に処された。

未遂に終わった「台湾独立計画」事件について、現在数多くの著書や論文はあるが、大半は事件の首謀者は日本側であるか、それとも台湾側であるかに焦点を当てて論述している。例えば、伊藤潔の著書『台湾：四〇〇年の歴史と展望』は、「在台湾の日本軍人の一部は敗戦の現実を受け入れず、台湾人と協力して台湾独立を謀った」と書き記している。また、戴天昭の著書『台湾国際政治史』と李筱峰の著書『林茂生・陳炘和他們的時代』は、辜振甫らが計画に関与したのは台湾軍参謀による教唆を受けたためであり、参加者本人が望んでいた訳ではなかったと指摘する。一方、一九一五年から一九三五年まで台湾総督府に在職していた井出季和太は『講和会議と台湾の帰趨』の著書において、「独立運動を促したのは辜振甫等であるが、安藤総督は独立運動の陰謀を消滅させた」と記述している。この他、同計画に関係している当事者の見解については、黄天才と黄肇珩の著書『勁寒梅香：辜振甫人生紀実』は、「台湾軍参謀の中宮悟郎と牧澤義夫と会合した時、中国軍が台湾接収に来る前に台湾は動乱が発生する。日本は統治権を失い、治安に問題がある為である。彼等から治安維持会を組織する必要があるか否か打診を受けた。……台湾治安維持会の提唱は台湾軍参謀が考案したものであり、参加者の中で台湾独立を承認した者は一人もいなかった」と記述する。一方、鈴木茂夫から資料提供を受けて出版した蘇瑤崇の著書『最後的台湾総督府：一九四四―一九四六年終戦資料集』は、当時台湾軍参謀であった牧澤義夫と安藤正への訪問取材をしたが、両者は共に「（台湾独立計画は）台湾軍司令部の策謀によるものではない」と陳述する。さらに牧澤義夫は「何がどう間違ったのか、私は陰謀の主人公になっているようですな」と語り、事件と無関係であると主張する。

しかし、終戦直後の「台湾独立計画」事件について、何故辜振甫は漢奸罪で逮捕された後に内乱罪に切り替わって軍事法廷で有罪判決を受けたのか、この問題を言及した著作は殆ど無い。そこで本節はその経緯を解説する。

国民政府は一九四五年十一月二十三日に「処理漢奸案件条例」、十二月十二日に「懲治漢奸条例」を発布した後、台湾警備総司令部は翌年一月十五日から同月末までの間「漢奸総検挙」を実施する。「漢奸総検挙」実施期間中の一月十七日、台湾行政長官公署宣伝委員会は『台湾新生報』において台湾人漢奸に関する記事を掲載する。この記事によると、次の五つに属する者が漢奸で、検挙対象であると発表する。第一は、悪人の手先となり、悪人を助けて悪事を為し、あるいは敵の権勢を笠を着て威張り、住民を食い物にして、同胞を侮辱した者。第二は、敵に忠節を尽くし、あるいは全力を尽くして、同胞の虐待に導いた者。第三は、敵に媚び諂って恩寵を望み、あるいは敵が祖国を侵略するために巨額な資金を捧げ、あるいは言論で指導者の誹謗中傷を発表して敵の歓心を博した者。第四は、日本投降後引き続き敵と結託して、独立の名で台湾光復に反対した者。第五は、日本投降後日本軍と結託して、闇取引を行い、国家財産を強奪して私腹を肥やした者。

安藤利吉と陳儀が一九四五年十月二十五日「中国戦区台湾区受降調印式」（台湾光復）において署名した降伏文書を以って日本の台湾統治は正式に終焉して、さらに、一九四六年一月十二日に発布した行政院訓令は、台湾光復の日を以って台湾人は中華民国国籍を回復したと発表するが、上述の記事内容では、台湾光復以前に遡って漢奸対象になる可能性があったため、社会不安が発生する。このため、一月二十七日宣伝委員会は再度漢奸対象に関する記事を掲載する。その記事によると、次の三つに属する者が漢奸対象であると発表して、「日本投降後」の文言を「台湾光復後」に改めた。第一は、台湾光復後に独立を画策した者。第二は、台湾光復後政府に反対して社会混乱を画策した者。第三は、台湾光復後日本の軍人、官僚、民間人と結託し、国家財務を強奪して私腹を肥やした者。

この外、「漢奸総検挙」実施期間中の一月二十五日、司法院は「院字第三〇七八号解釈」を発表して、台湾人を漢奸で処罰することに異議を唱えた。第三〇七八号解釈は「台湾光復以前台湾人は日本国民であったため、徴兵に応じて敵と戦った者、あるいは各地で敵組織に奉職した者は、国際法による処罰を受けるべきであり、漢奸条例の規約を適用することは出来ない」と発表した。この解釈を発表した要因は、廈門居住の台湾人が漢奸容疑で多数逮捕されたためである。一九四五年十月国民政府軍事委員会調査統計局は、中国各地で漢奸委員会を設立し、廈門で漢奸委員会を設立した後、「懲治漢奸条例」の規約に基づき、二百三十一人が漢奸容疑で逮捕され、百九十五人が高等検察処に送られた者のうち、九十六人が台湾人であった。戦前台湾は中国各省と状況が異なっていたため、台湾人を漢奸と看做すことが出来るか否か議論が起こり、当時監察委員兼台湾省党部執行委員であった丘念台は、中央政府に「法律上台湾人は中国国籍を喪失しているため、漢奸の罪名で処罰することは出来ない」と進言した。この進言により、司法院は「院字第三〇七八号解釈」を発布したのである。しかしながら、戦後台湾行政長官に就任した陳儀は、司法、立法、行政の三権だけでなく、軍事大権も一身に集め、日本統治時代前半の武官総督に優るとも劣らない独裁的権限を付与されていたため、陳儀は司法院の解釈規約に従うか否かは、彼の御心次第であった。

一九四六年二月、辜振甫を漢奸容疑で逮捕した後、同年十月二十四日国民党政府は「戦争犯罪審判条例」を発布する。同条例は所謂東京裁判で戦犯を裁いた規約と中国方式の戦犯規約を入合せたものであり、同条例第二条の規約は次の通りである。

第二条　以下の情状の何れかを有する者は戦争犯罪人とする。

第一項　外国の軍人又は非軍人で、戦前又は戦時において国際条約、国際公約又は国際保証に違反して、中華民国に対する侵略その他不法の戦争を計画、陰謀、準備、開始又は支持した者。

第二項　外国の軍人又は非軍人で、中華民国に対する作戦又は敵対行為の期間において戦争法規及び慣例に違反して直接的又は間接的に暴行を実行した者。

第三項　外国の軍人又は非軍人で、中華民国に対する作戦若しくは敵対行為の期間において又はその事態の発生前において中華民族の奴隷化、殲滅又は消滅を意図して次の掲げる行為をした者。①殺害、飢餓、殲滅、奴隷労働、放逐した者。②思想を麻痺させ又は統制した者。③麻薬の伝播、使用強制又は麻薬植物の栽培強制を推進した者。④毒薬の服用を以って強迫、虐待し、その他非人道的行為をすること。

第四項　外国の軍人又は非軍人で、中華民国に対する作戦又は敵対行為の期間において、中華民国又はその人民に対し、前三項以外の行為を行って中華民国刑事法規により処罰されるべき者。

同条文の第一項は「平和に対する罪」、第二項は「通例の戦争犯罪」、第三項は「人道に対する罪」の規約であるが、注目すべきは第四項であり、前三項以外の戦犯は中国の国内軍事法廷で裁くことを規約している点である。「戦争犯罪審判条例」発布後、司法院は一九四六年十二月七日に「院字第三三一三号解釈」を発表し、「日中戦争において台湾人の行為が戦争犯罪審判条例の定めた罪にあたる者は、戦争犯罪審判条例に基づいて処罰する」と発布する。台湾独立を含む内乱罪の規約については、一九三五年に施行した中華民国刑法第一〇〇条で規約している。同刑法の規約によると、第一項は「国体破壊、国土の不法占拠、あるいは違法な方法で国憲の変更、政府への転覆を画策した実行者は、七年以上の有期徒刑に処す。また、首謀者は無期懲役に処す」、第二項は「第一項の犯罪を準備、あるいは共謀した者は、六ヶ月以上五年以下の有期徒刑に処す」と定めている。このため、辜振甫が関与した「台湾独立計画」事件は、中華民国の国体を破壊する行為、あるいは国家転覆を画策した行為と看做されたのである。それ故に辜振甫は漢奸容疑で逮捕された後、「戦争犯罪審判条例」第二条第四項、司法院「院字第三三一三号解釈」、及び中華民国刑法第一〇〇条の規約に基づき、犯罪行為を漢奸罪から内乱罪の容疑に切り替えられ、軍事法廷で有罪判決を受けたのである。辜振甫が関与した「台湾独立計画」事件について、周文港氏は法的論理の視点から「事件判決文は、戦犯や内乱罪の文言を多々使用しているが、実際は漢奸罪の意味合いが強く、さらに、同案件は戦争犯罪と全く関係ないため、軍事法廷で処罰したことは不適切であった」と指摘する。

一九四六年二月下旬、「台湾独立計画」を画策した容疑で逮捕された辜振甫は、数回に亘って取り調べを受けた後に軍事法廷に移送された。辜振甫は法廷審理において証言と物証の提示を要求したが、有力証拠が無かったにも拘らず、裁判官は一九四七年七月に判決を下して、辜振甫を有期徒刑に処した。つまり、辜振甫は内乱罪に処されるが、実際の法廷審理は有力な証言と物証が一切無かったにも拘らず、日本が無条件降伏をした時、祖国につくことを願わず、内乱を陰謀し、自治委員会を作り、国体を破壊し、台湾独立の犯行を妄想したと断定され、有罪判決を受けたのである。以上の経過からすれば、「台湾独立計画」事件は、台湾省警備司令部が「台湾独立計画」を口実に、台湾総督府と密接な関係を築き上げた有力な「対日協力者」を粛清することを目的とした裁判であった。

農地改革と公営企業の民営化

辜振甫は生涯で二人の女性と結婚する。一人目は一九四二年台南出身の黄昭華と結婚するが、終戦三ヶ月前に逝去する。二人目は「台湾独立計画」事件において辜振甫と共に有罪判決に処された林熊祥の紹介により、一九四九年厳倬雲と結婚する。厳倬雲は一九二五年福建省で生まれ、母親は「板橋林家」の林慕蘭、祖父はアダム・スミスの『国富論』を中国語に翻訳し、北京大学初代学長を務めた厳復、さらに林熊徴の息子林明成の妻は「基隆顏家」の顔絢美である。したがって、辜振甫は厳倬雲と結婚したことにより、台湾五大財閥の「鹿港辜家」、「板橋林家」、「基隆顏家」は姻戚関係になり、辜振甫は厳倬雲の姻戚の協力を得て、国民党政府と関係を築くことが出来た。

辜振甫は厳倬雲と結婚した後、一九五二年まで香港で生活する。その理由は、獄中生活で体が弱まり、休養するためであったと言われるが、それだけでなく白色テロの恐怖政治による弾圧を恐れたためである。辜顕栄の四男辜岳甫の妻は娘のピアノ教師にお金を貸与するが、実はこのピアノ教師は共産党系刊行物『光明報』の編集長であった。このピアノ教師の身分が判明した後、辜岳甫の妻は共産党に資金供与した罪によって処罰されたため、辜振甫は自身にも火の粉が及ぶことを恐れて、即ち、もし共産党のスパイや台湾独立を支持したこと等の流言飛語で政府当局に疑われた場合、再度逮捕されるだけでなく、命の保証も無かったため、台湾を離れたと思われる。

戦後の国共内戦で国民党の敗色が濃くなると、国民党政府は台湾を反共基地にするための準備を開始する。その具体的な政策の一つが農地改革であった。農地改革の第一段階は、一九四九年四月に小作料を一律三十七・五%に削減、第二段階は一九五一年六月、官有農地払い下げを行い、最後の第三段階は一九五二年十一月に政府による地方所有農地の買い上げと農民への売却を実施した。以上の改革によって、全農地に占める自作地の割合は五十六%から八十三%に増大し、小作地は四十四%から十七%に減少した。辜振甫は地主であったため、香港滞在中常に農地改革に関心を寄せていたが、白色テロの状況下で台湾に帰国することを恐れていた。帰国出来るか否かを確認するために、辜振甫は姻戚の葉明勲(厳倬雲の妹厳停雲の夫)を通して国民党政府に意見を尋ね、最終的に蔣介石の許可を得て一九五二年に帰国する。帰国後、辜振甫は更に葉明勲を通して行政院秘書長の黄少谷と知り合い、黄少谷の紹介によって経済部顧問に抜擢された。

農地改革の第三段階である「耕者有其田」条例公布時、辜振甫は約三千七百甲の土地を所有し、台湾五大財閥の中で三番目に多く土地を所有していた。「耕者有其田」政策を実施した結果、辜振甫は千倍以上の土地を徴収されたが、その代償として実物債券（代償の七割）と四大官営企業の株券（代償の三割）を獲得する。また、「耕者有其田」政策と同時並行で推進したのが、四大公営企業（①台湾水泥公司、②台湾紙業公司、③台湾農林公司、④台湾工鉱公司）の民営化であり、台湾水泥公司が最初に民営化した企業である。一九五四年十一月台湾水泥公司の株主総会を開催して、「板橋林家」の林柏壽が会長、「高雄陳家」の陳啓清が副会長、辜振甫は常務理事兼副経理に選出される（その後、総経理の職を経て一九七三年から一九九一年まで会長の職に就く）。農地改革によって地主は買い上げられた土地の代償として、政府から株券と債券を獲得するが、一部の地主は株の投資に馴染まず、株券より債券の方が実用的に価値があると判断して株券を売却したため、辜振甫は彼らが売却した株券を安値で大量に購入して、後に台湾を代表する辜家のグループ企業を設立する。

農地改革について、若林正丈氏の著書『台湾：分裂国家と民主化』によると、「白色テロルの状況下で農地改革が行われた為、地主は大損失を被り、不満を懐いたとしても政府は農地改革を強行して実施した為、彼らの反発も抑えることが出来た」と指摘する。しかし、辜振甫は農地改革について次のように評価する。「農地改革は、台湾を農業社会から現代化の工業社会へ歩む起点となった。中国共産党が実施した農地改革は地主等の血が流れたが、台湾の農地改革は平和的な経済革命であった」と主張する。辜振甫は経済部顧問として農地改革に携わったため、肯定的な評価を下しているが、実は「板橋林家」の林柏壽や「高雄陳家」の陳啓清らも農地改革を肯定的に評価している。彼らは留学経験があり、日本や西欧の経済状況を目の当たりにして、「国の経済が豊かで強大になり、社会が進歩するには、工業化は不可欠である。農業国家から工商業国家へ転換する為には、必ず農地改革を実施しなければならない」という認識に基づき、農地改革に協力したのである。

辜振甫が「耕者有其田」政策を成功させた功績により、一九五三年九月八日、蔣介石は辜振甫を召見する。翌日の『聯合報』において、辜振甫は「開明地主」であると報道され、これを契機に、辜振甫は国民党政府から信頼を獲得して、以後、台湾における経済事務の主要な責任者として重用される。戦後本省人エリートは日本教育を受けていたため、国民党政府は彼等を信用せず、政府中枢に外省人を登用し、本省人が登用されることは稀であったが、辜振甫が重用されたのは、父親辜顯栄の功績に依るものであると言われる。父親の功績とは、一九三三年福建事変発生後、台湾総督府は日本人居留民の保護を理由に、軍隊を派遣して事件に介入する準備を進めていた。一方で、蔣介石は日本軍の出兵を阻止するために李擇一を台湾に派遣する。蔣介石の命を受けた李擇一は、辜顯栄の仲介を得て台湾軍司令官松井石根と会い、日本軍の出兵を慰留させることに成功した。辜顯栄はこの功績により、蔣介石から賛辞が贈られ、さらに、父親の遺産によって、蔣介石は辜振甫に目を掛けるようになったと言われる。しかし、筆者はそれが全ての要因ではなく、一つの要因に過ぎないと認識している。その理由は、一九六〇年代半ば以降、台北高校を卒業した本省人の徐慶鍾と林金生が内政部部長に抜擢されていたためである。それ故に蔣介石が辜振甫を重要な職務や任務に抜擢したのは、政府にとってただ単に必要な人材を登用しただけである思われる。

戦後の対日関係と辜振甫

中央研究院近代史研究所研究員の林満紅氏が二〇一〇年六月に発表した論文「臺日歴史關係」によると、戦後台湾は一九四五年から一九四九年までの間、中国大陸が主要な貿易対象であったが、一九四九年から二〇〇〇年までの間は日米両国が主要な貿易パートナーであったと指摘する。戦後日本との経済関係が回復したのは、一九五二年「日華平和条約」を締結した時であり、以後、政経双方において、日本は米国に次ぐ重要な対外関係であった。

一九五三年から一九六〇年代までの間、国民党政権は数回に亘って経済建設四ヶ年計画を発表し、この計画に基づき、台湾の産業構造を農業社会から工業社会へ、さらに輸入代替工業化から輸出指向工業化へ移行して経済成長を加速させた。一九七二年、日本と台湾が国交を断絶する前までの台湾対日輸出品目は、砂糖、大米、バナナ、木材、豚肉等の農業及び農業加工品が中心で、一方、対日輸入品目では、窒素肥料、化学薬品、鉄鋼、電気機械、燐酸肥料、自動車部品、合成繊維、船舶、紡織機械等で、工業生産に必要な機械設備と工業原料が主体であった。一九六六年、台湾初の輸出加工区が高雄に設置され、外資を導入して日米両国と経済関係を深めるとともに、優秀で賃金の安い台湾人労働者を活用するために、多くの工業投資の資本財と原材料を日本から輸入した。

一九六〇年代日台間の経済関係が緊密化する状況下、辜振甫は一九六一年から日華協力委員会経済部会成員として会議に参加する。「和日本人交往、如不能做到通家之好、便不能深入。」辜振甫は日本人と交際するには、家族まで互いに交流しなければ、親密な関係になれないと主張する。日本統治時代、辜振甫は父親辜顕栄の日本語翻訳を手伝い、徐々に日本の政財界と人脈を広げて、特に児玉源太郎や後藤新平の後世と互いに緊密な関係を維持していたと言われる。戦後辜振甫は日華協力委員会に参加して新たな人脈を築き、日台間の経済交流を通して双方の架け橋となる。

一九六五年日本側の日華協力委員会経済部会委員長であった堀越禎三の提案により、経済部会の下に貿易協進会を設立する。貿易共進会を通じて、日本側は主に台湾対日輸入貿易における手続の簡素化、輸入品税関検査時間の短縮、対日輸入税率の改正、輸出検査の強化を台湾側に求めたのに対して、台湾側は日本側に対日貿易赤字の削減、台湾産農産物の輸出量増加と関税緩和、加工貿易の保税等を求め、双方はこれらの問題に特化して取り組むことになった。辜振甫は一九六一年から台湾側の経済部会成員に加わっただけでなく、台湾経済を根底で支える工商協進会会長と証券交易所会長に選出され、さらに、台湾経済界の重鎮として広く知られていたため、台湾側は貿易協進会主任委員に辜振甫を抜擢した。この結果、辜振甫と堀越禎三のコンビにより、日台間の経済貿易は良好な関係を維持して、双方の経済交流の礎を築いた。辜振甫はこの功績により、一九七一年日本政府から勲一等瑞宝章・藍綬褒章を叙勲する。しかしながら、懸案事項である貿易不均衡問題、即ち、日台間の貿易格差は縮小することが出来ず、台湾の対日貿易赤字は年々増大していった。

一九七二年九月二十九日、日本と台湾が断交したことについて、辜振甫は日台関係に変化を齎《もたら》した起因は、「ニクソン・ドクトリン」であると主張する。一九六九年、グアムにおいて「ニクソン・ドクトリン」を発表して、米国の対アジア政策は変容する。米国は同盟国と既に締結した条約上の約束事項は今後も守るが、アジア諸国の国家安全と防衛について、今後は各国が自ら責任を持つべきであると明示する。この結果、米国の新政策によって、アジア諸国に新たな事態が発生する。先ず、ベトナム戦争中に米国はベトナムからの撤退戦略を思案して、「ニクソン・ドクトリン」発表後、南ベトナムに対して今後自国の努力によって防衛を行うように表明する。次いで、米国は国連加盟を果たした中国と関係正常化を進めるため、一九七二年二月、ニクソン大統領が訪中して「上海コミュニケ」を発表する。つまり、米国が実施したこれらの措置は台湾に負の連鎖反応を齎して、米中関係は対立から和解へ様変わりしたため、日本は中国に急接近して国交正常化に至ったと認識する。

一九七二年七月自民党総裁選挙に勝利した田中角栄は、首相就任後直ちに中国と国交正常化を行う準備に取り掛かったため、日本と台湾の関係は国交断絶の危機に直面する。当時台湾の対日外交は外交部を中心とする行政院主導で行われ、彭孟緝駐日大使や林金莖駐日大使館政務参事官は大平正芳外相等と会談して、中国に急接近する日本側の姿勢に強く抗議する。しかし、台湾の対日外交は大臣・官僚の政府職員だけでなく､民間人でも行われていた。辜振甫は蔣経国行政院院長の指示により､即ち、日本における「親共情勢」を阻むようにと命を受けて、七月中旬に訪日する。この時日本は中国に傾斜するメディアが多かったため、辜振甫は「日本と中国が接触することは最早阻止出来ないが、多くの日本人は依然台湾に好意的な印象を抱き、さらに、日中関係は米ソ関係と日本の対米関係で大きく左右される為、例え日本は中国と交渉を行っても、国交正常化まで急接近することはない」と認識する。翌八月辜振甫は日華協力委員会の開催延期を伝えるために再度訪日し、日本の政財界要人と会談して日本側に断交の考えを取り除かせるために遊説するが、その説得工作は功を奏さず、九月二十九日、田中角栄と周恩来は「日中共同声明」を発表して、日本と台湾は外交関係を断絶する。

一九七二年十月十日、辜振甫は『経済日報』において「自力更生的經濟意義與作法」と題する文章を掲載する。その概要は次の通りである。「日本と中国の国交樹立は、我が国の対外経済関係に最も衝撃を与えた。急激な客観的環境の変化により、我々の通常の生産と貿易条件は迅速に調整する必要に迫られた。我々は対日関係の外交要因で引き起こされた困難な状況に対処するが、一方で新たな原料と資本財を作る供給関係と新たな輸出代替市場による二重の努力により、経済的独立を向上させることが出来る。外的要因の変化によって、我々の経済成長を妨げるまでには至らない。経済上の自力更生はこれによって形成され、さらに切実な願いでもある」と主張する。つまり、断交後台湾は積極的に新たな輸出代替市場を開拓して、迅速に新たな原料と資本財の供給関係を発展しなければならないと指摘する。一方で、対日経済貿易について、一部の台湾実業家は、今後日本の機械設備と工業原料を購入しないと声明を発表するが、辜振甫は国際社会が日増しに多様化する状況下、日本の投資と技術協力は台湾経済にとって不可欠であること、さらに、台湾対外貿易において対日貿易が占める割合（一九七一年の統計によると、対日輸出は十二・二七％、対日輸入は四十四・八五％）を熟知していたため、今後も日本と経済貿易関係を継続すべきであると認識する。

一九七二年十月中旬、宇山厚駐華大使は閉鎖される大使館に代わる新しい機関、即ち、民間機構で日台双方の交流と実務関係を維持する機関の設立を提案する。そこで双方は非政府組織の連絡機関を設立する協議を開始する。同年十二月二十六日、日台双方は「財団法人交流協会（現在の名称は日本台湾交流協会）と亜東関係協会（現在の名称は台湾日本関係協会）との間の在外事務所相互設置に関する取り決め」を締結して、亜東関係協会初代常務監事に辜振甫が選出される。さらに、翌一九七三年日台双方の経済協力と貿易交流の発展を促進するために東亜経済人会議を設立し、辜振甫は一九九九年までの二十七年間台湾側の会長を務めた。東亜経済人会議の主な業務は、双方の貿易、投資、科学技術、提携、及び金融証券、運輸、観光等様々な分野に及んでいた。

一九七〇年代前半の国連脱退、米中間の関係改善、日中国交正常化に伴い、台湾の外交環境は苦境に陥るが、一方で台湾の対外貿易は大幅な黒字へ転換し、輸出品目は紡績品、電気機械と工具、プラスチック製品、合板、金属製品等が上位を占めるようになった。さらに、一九七〇年代世界各国はオイルショックの影響を受けるが、台湾は投資総額約七十億ドルの「十大建設」（桃園国際空港の建設、台湾鉄道北廻線の建設、鉄道の電気化、台中港及び蘇澳港の建設、原子力発電所の建設、中山高速公路の建設、造船業・鉄工業・石油化学工業の推進）、即ち、インフラ整備計画を打ち出し、重化学工業を推進した。断交後の日台貿易について、双方の貿易額は断交前よりも増大して、一九七二年から一九八七年までの間に年平均十八・二一%の増加を続け、貿易総額では日中貿易を上回っていた。しかし、台湾の対外貿易において、日台貿易だけが依然輸入超過であったため、台湾側は東亜経済人会議において毎年日台貿易不均衡問題を取り上げて、日本側に改善策を求めた。一九八〇年台湾の対日貿易赤字は三十億ドルを突破して三十一・八億ドルを計上した。このため、東亜経済人会議において、（一）台湾の産業構造の改善を促進するために日本は積極的に投資と技術協力を推進すること、（二）貿易平衡委員会を設立して具体的な解決策を検討すること、以上二つの決議を採択したが、翌一九八一年の貿易赤字は前年度を大幅に上回り、三十四億七千五百万ドルであった。この結果、一九八二年二月趙耀東経済部部長は日本側の対応に不満と憤りを感じて、突然千五百品目を超える日本製品輸入禁止措置を発表する。しかも、この措置は馬樹礼駐日代表、孫運璿行政院院長や辜振甫だけでなく、日本側にも事前通告を行わず、独断で取った措置であった。こうした事態に至り、日本側は同年七月前通産大臣江崎真澄を団長とする自民党国際経済対策特別調査会が訪台して、禁輸措置の解除を要請したため、台湾側は同年度中に対日輸入制限の解除と消費物資の輸入禁止措置を解除した。

しかしながら、一九八〇年代台湾の産業構造は、重化学工業からハイテク産業の育成に重点を置く政策に転換し、さらに一九八五年のプラザ合意以降、日本企業は円高に対応するために台湾への投資を拡大した結果、台湾及び現地日系企業は大量の資本財、中間原料、部品・パーツを日本から調達した。一方、台湾では台湾元高、労働コストの上昇、地価上昇、環境保護意識の向上により、付加価値の低い労働力集約型産業は、賃金の安い東南アジアや中国大陸へ進出した。このような状況下、日台貿易は再度不均衡問題が発生して、年々貿易額が増加する一方で、台湾の対日貿易赤字も増大した。一九七二年の断交時、対日貿易赤字は十四億ドルであったが、断交後二十年間で二十倍に増え、一九九二年の貿易赤字額は二百八十億ドルであった。対日貿易赤字について、辜振甫は「産業構造と技術水準のギャップが赤字を大幅に増大させている要因であり、産業構造を改善して、技術水準を向上しなければ、赤字を是正することは難しい」と指摘する。一方で、統計上台湾の対日貿易は巨額な赤字が増大し続けているが、台湾経済にとってプラス面の影響もあると主張する。辜振甫の見解は次の通りであった。（一）対日輸入は我が国が世界各国の輸出に対して持続的に増加することを助け、しかも、我が国全体の対外貿易では、対日赤字を取り除いた後に黒字に転じることが出来る。（二）我が国の主要工業設備と加工原料の多くは日本から輸入した物であり、我が国の産業構造の改善、転換及び段階的な拡大にとって、殊にプラス面の貢献がある。（三）対日貿易は巨額な赤字を計上し続けているが、我が国の失業率にマイナス面の影響はない。つまり、台湾の産業構造が時代の変遷に伴って進展出来た要因の一つは、日本から輸入した工業設備や工業原料の資本財であったと主張する。

一九八九年日台間の文化的、学術的交流を促進するために「アジア・オープン・フォーラム」（台湾の名称は「亜洲展望」検討会）を設立する。運営方法は日本側が企業協賛金による民間方式、台湾側が半官半民による方式で、二〇〇〇年まで毎年台湾と日本で交互にシンポジウムを開催した。辜振甫は第一回会議から寄付を行い、さらに一九九二年以降は台湾側の団長として会議に参加した。初めて参加した第四回の会議において、辜振甫は日台間の密接な歴史的関係に触れ、双方の人的交流は依然制限されているため、新たな協力関係の構築を要望するとともに、両岸関係については、「動員戡乱時期臨時条款」の廃止と「両岸人民関係条例」の発布によって、中国と敵対状態に終止符を打ち、両岸関係が改善されている状況を説明した。

翌一九九三年の会議において、辜振甫は東亜経済人会議に参加する日本側成員が誰一人として何ら決定権を有していないこと、さらに二〇年に亘って日台間の貿易不均衡問題が改善されていない状況に堪忍袋の緒が切れ、「この状況を改善しない限り、今後東亜経済人会議に参加しない」と宣言して、日本側に事態の打開策を提言するよう求めた。

二〇〇三年四月、辜振甫は日本政府から園遊会に招待されるとともに、早稲田大学名誉博士号の授与式に出席するために訪日する。早稲田大学の記念講演において、辜振甫は「九二年コンセンサス(九二共識)」について次の発言を行った。

台湾側の「海峡交流基金会」は、政府から全権を委託されて、一九九二年十月二十八日、中国の「海峡両岸関係協会」と香港で会談を致しました時、「一つの中国」が意味する内容についての双方の基本的認識が相異なるために議論がまとまるはずもなく、十月三十日になって我が方から「各自表述」、即ち各自が問題に対する各自の立場を口頭で説明することにして、果てしない政治的論争をこの辺で打ち切ることを提議致しました。当初、「海峡両岸関係協会」はその場で回答をなさらず北京に帰って研究すると言われましたが、会談を切り上げた三日後に、北京から「そちらの提議を尊重し受諾する」という電話があり、「海峡両岸関係協会」はその旨機関紙新華報を通じて公表されたのであります。そこで私どもは、この相互諒解（ＡＣＣＯＲＤ）に基づき、「相互尊重、対等協商」という原則の下において、先ず両岸人民の権益に関する問題を取り上げるべく、「海峡両岸関係協会」と交渉を進め、連絡ルート及び連繋のための制度を構築することに努めました。一九九三年四月、シンガポールで辜汪会談が実現出来たのは、この相互諒解があったからこそであります。因みに、九二年の香港会談で達成したこの相互諒解は、従来「九二年コンセンサス」と呼ばれておりますけれども、政治に関する論争に終止符を打とうというのは、香港での討論の末に生まれた知恵ではなく、我が方の提案を受け入れて頂いた訳でありますから、コンセンサスというよりは、ＡＣＣＯＲＤと言い換えた方が私は会談の真相を伝えていると考えます。ところが、折角こういう諒解が成り立ったにも関わらず、その後、様々な政治的要素と上述のＡＣＣＯＲＤに対する双方の解釈がかみ合わず、両岸の交渉は行き詰まったまま現在に至っております。

元拓殖大学総長の渡辺利夫氏は、「九二年コンセンサス」について、二〇一六年十二月八日の『産経新聞』で次のように記述している。「九二年コンセンサス」の存在を表面化させたのは、台湾独立を標榜する民進党の陳水扁が二〇〇〇年三月の台湾総統選挙で勝利した後である。「九二年コンセンサス」とは、台湾の窓口機関「海峡交流基金会」と中国側の窓口機関「海峡両岸関係協会」との一九九二年の香港協議において、双方が「一つの中国」（一個中国）の原則を守るものの、台湾側はその解釈は双方異なる（各自表述）とし、中国側は文字通りの「一つの中国」を堅持するというものであったと言われる。中国は中国大陸と台湾が同じ「中国」に属するとする「一つの中国」に関して、一九九二年に中台双方が形成した公認の「合意」であるとし、台湾側が「九二年コンセンサス」を認めなければ、当局間の連絡・交渉を含め一切の交渉には応じないと述べ、さらに「九二年コンセンサス」を中台関係を律する政治的基礎に位置づけている。

したがって、交渉当事者であった辜振甫は、そもそもコンセンサスがない以上、コンセンサスは存在するはずがなく、況や合意しようがないと述べている。また、辜振甫の異母兄弟である辜寛敏の回想によると、存命中の辜振甫に「九二年コンセンサス」とは何についてのコンセンサスか尋ねた際、「一つの中国の中身について、それぞれが述べ合う（一個中国、各自表述）なんていうのは、コンセンサスがないということだ。お前は馬鹿な子だ」と罵られたことを振り返っている。

主要参考文献

戴月芳『台湾大家族』台北、台湾書房、二〇一二年。

林文龍『百年風華：台湾五大家族特展図録：鹿港辜家』南投、台湾文献館、二〇一一年。

劉澤民・林文龍『百年風華：台湾五大家族特展図録』南投、台湾文献館、二〇一一年。

辜振甫『辜振甫言論選集』台北、中国信託、一九七六年。

辜振甫『学而第一』台北、辜公亮文教基金会、一九九七年。

黄天才・黄肇珩『勁寒梅香：辜振甫人生紀実』台北、聯経出版、二〇〇五年。

許介鱗『戦後台湾史記』台北、文英堂出版社、一九九六年。

徐聖凱『日治時期台北高等学校与菁英養成』台北、国立台湾師範大学出版中心、二〇一二年。

鄭宏泰・周文港『危機関頭：家族企業的応対之道』香港、中華書局、二〇一五年。

陳佳宏『台湾独立運動史』台北、玉山社、二〇〇九年。

陳世昌『戦後七〇年台湾史』台北、時報出版、二〇一五年。

中子佳・張覚明・鄭美倫『辜振甫伝：辜振甫的戯夢人生』台北、書華出版、一九九四年。

司馬嘯青『台湾世紀豪門：辜振甫家族』台北、玉山社出版、一九九八年。

王鍵『戦後日台経済関係的演変軌跡』北京、台海出版社、二〇〇九年。

王鍵『戦後美日台関係史研究（一九四五―一九九五）』北京、九州出版社、二〇一三年。

井出季和太『講和会議と台湾の帰趨』雨田居、一九五〇年。

川島真・清水麗・松田康博・楊永明『日台関係史一九四五―二〇〇八』東京大学出版会、二〇〇九年。

若林正丈『台湾：分裂国家と民主化』東京大学出版会、一九九二年。

若林正丈『台湾の政治―中華民国台湾化の戦後史』東京大学出版会、二〇〇八年。

「台北週報」二〇〇三年五月二二日、二〇九六号。

第二章

台湾経済の世界化を担った江丙坤

東洋大学アジア文化研究所客員研究員　山形勝義

はじめに

台湾は、一九八七年七月の戒厳令解除から民主化が促進されることとなった。その後、三十年で日本と台湾を取り巻く環境は大きく変化し、日本と台湾の経済関係は日を追うごとに活発化している。戦後の台湾経済をみてみると、特に戒厳令解除から国際化・貿易自由化時代に見合う貿易の改革が進められた。例えば、台湾が旧GATT、現在のWTO世界貿易機関加盟へ向けて努力し、世界の貿易自由化の流れに対応する「貿易法」を制定するなど様々な動きがみられた。

戒厳令解除後、世界的な貿易自由化の流れに対応するため、台湾では輸入の自由化、公正な競争秩序の確保確立に向けて体制整備が進められた。戒厳体制下においては、貿易に関連する法規は、多くの法令類から成り立っていたが、一九九二年に国際貿易自由化の進展に合致した統一法典、つまり一つにまとまった法律として「貿易法」が制定された。この貿易法は「原則自由、例外規制」という精神に立脚する法律である。国際貿易自由化時代に見合う改革のはじまりは、この法律によって実現していったといってよいであろう。

以上のように、台湾が国際貿易自由化時代に入ると、各国との貿易交渉に力を入れ、また、WTO世界貿易機関への加盟に奮闘して、その後も台湾経済の世界化を担ったひとりの人物がいる。二〇一四年から東京スター銀行取締役会長を務めている江丙坤《こうへいこん》氏である。江丙坤は、自伝として『私の中の日本・台湾』(日本工業新聞社、一九九五年)、『日台の架け橋として 居之無倦、行之以忠』(日本工業新聞社、二〇一六年）を出版している。

なお本章は、台湾が世界の貿易自由化の流れに対応するため、どのような政策を示したのか考察し、日本通でもある江丙坤がどのようにして台湾経済を成長させ、国際機関であるＷＴＯ加盟に尽力されたのか経緯を辿り、その概要を紹介し、今日の台湾経済への理解を深める一助としたい。

江丙坤の紹介

江丙坤は、一九三二年（昭和七年）十二月十六日、南投県南投鎮平山里（当時の台中州南投郡南投街半山）の農家の家に生まれた。日本統治時代には「江原正雄」という名前を使用していた。経歴は、駐日大使館、駐南アフリカ大使館、および経済部の要職を歴任。立法委員（立法院副院長）、国民党副主席を経て、台湾の対中交渉窓口機関である財団法人海峡交流基金会の理事長となった。また、台湾の大手企業グループが組織する中華民国三三企業交流会会長、日台間で経済関係の強化を図る台日商務交流協進会会長などを歴任し、日本の東京スター銀行取締役会長に就任している。二〇一五年には、経済社会の発展に寄与した責任者に贈られる旭日重光章を日本から受章している。

生い立ち・日本へのあこがれ

江丙坤の先祖は、台湾中西部の彰化県に住んでいたが、祖父の時代に南投県に移り、江丙坤は、九人兄弟の八番目（男が五人、女が四人）の四男として生まれ育った。その生まれ育った南投県は、台中市の南南東に位置し、台湾では唯一の海に面していない内陸県で、昔から米、サトウキビ、バナナ、パイナップルなどを栽培していて農産物加工業がとても有名な地域である。また、台湾で最も標高の高い山、標高は、三千九百五十二メートルの「玉山」や台湾で最も大きい湖「日月潭（略称、明潭）」がある。

江丙坤は、子供の頃から日本への関心が強く、兄が日本に修学旅行へ行ったとき持っていた、小さな日本旅行の手引き『日本内地旅行』を借りて、何度も何度も繰り返し読んでいた。このような経験から第二次世界大戦後になって、「どうしても一度日本に行きたい」という強い思いがあったようである。

こうした幼い頃からの思いもあって、一九六一年、江丙坤は二十九歳の時、日本留学のために国民党が設立した公費留学制度「中山奨学金（第一期）」の試験を受けた。この試験に合格して、念願の日本行きが実現することになった。

日本留学に出発する前（出発は、一九六一年三月九日船便の貨客船で基隆港から神戸港へ十四日到着）、江丙坤は、東京大学と早稲田大学から研究生としての入学許可を得ていたが、東京大学を選択した。東京大学を選んだ理由は、農学部があり、そこで農業経済を学びたいと思っていたからである。このとき、大学教育にあたる台湾省立法商学院（現在の国立台北大学）地政学科（法学士）を一九五九年六月に卒業していた。すでに台湾において大学を卒業していたので、大学院修士課程（農学系研究科）を受験するため、先ずは、研究生として講義と受験勉強に励んだ。そして、大学院入学試験に合格して、一九六二年四月から二年間の大学院修士課程の研究生活を過ごした。修士論文のテーマは、「清朝の台湾領有時代の『台湾清賦事業』」であった。つまり、清の時代の台湾における地租制度をテーマにしたものであった。

こうして、一九六四年三月三十日、江丙坤は東京大学大学院で修士課程（農学修士）の二年間を終えるが、修士課程に在学中、将来に係る大変な出来事があった。それは、博士課程に進学する決意でいたが、奨学金支援をする国民党本部から、博士課程に進学した場合、奨学金を支給できないという連絡があったのである。つまり、博士課程に行くなら自費で生活するということである。江丙坤は妻子持ちであったから、奨学金の支給なしに生活することは大変であった。それでも、博士課程進学を決めて合格したのである。

生活は厳しくなったが、一九六四年四月から農学博士号取得を目指し、駐日大使館の文化参事官室で留学生の世話などをするアルバイトをしながら学業に励んだ。しかし、アルバイトをしながらの学業は想像以上に厳しく、一九六六年には博士号取得を諦めて台湾に戻ろうと考えていた。このような状況の中、当時、大使館経済参事官室にいた劉維徳（後に、経済部国際貿易局副局長）が国際経済合作発展委員会に願い出て、委員会から毎月二百ドルを補助してもらえるように交渉をしてくれた。劉維徳は、江丙坤に「ここまできたのだから、日本に残って勉強を続けなさい」と声をかけたのであった。こうして、江丙坤は、生活は厳しくとも日本に残り研究を続けられることになった。

それから、ちょうど一年後の一九六七年、大使館の人事異動で経済参事官室の常勤職員のポストが空くという話が飛び込んできた。この常勤職に就ければ、経済部（経済産業省に相当）の海外駐在商務官になることが出来る。江丙坤は、過去に国家公務員採用試験に受かっていたので、採用資格に問題はなかった。そして、幸いにも大使館への採用が決まり、大学院生兼公務員になった。

こうして駐日大使館の経済参事官室で働きながら研究に励むという二足の草鞋を続け、一九七〇年、江丙坤は東京大学に博士論文「台湾地租改正の研究」を提出した。この論文は審査を通過し、一九七一年一月二十五日、東京大学から農学博士号が授与された。これは、日本領有時代初期の土地調査事業を研究対象としたものである。この論文は、文部省（現、文部科学省）の補助金を得て、一九七三年一月に「台湾地租改正の研究」として東京大学出版会から出版された。

貿易自由化への嚆矢

台湾で貿易自由化への取組みの検討が開始されたのは、一九八三年頃からであった。つまり、対日輸入制限下にあった約千品目の輸入品が徐々に解除された頃であった。

一九八三年九月に、台湾経済部（日本の経済産業省に相当）は、輸入拡大開放措置と、関税引下げによる自由化実施方針を発表した。この輸入自由化実施の内容は次のとおりである。①一九八三年九月十七日：農漁産品、宝石、繊維原料と製品、玩具など五百九十四品目の自由化、②一九八四年一月三十一日：石油化学原料、化学原料および農林漁産品など九十三品目の自由化、③一九八四年二月十四日：大型トラック、バスの欧米地域買付限定の廃止、④一九八四年二月十七日：中古建設機械の欧米地域買付限定の廃止、⑤一九八四年三月七日：漢方薬、紡織品など大陸製品千百五十七品目の輸入規制解除というものである。

このように、戒厳体制下において、台湾市場の開放として輸入拡大開放措置、関税引下げを試みたが、一九八〇年代中期以降、台湾企業の経済環境は大きく変わった。つまり、台湾内部における労賃の上昇、地価高騰、生産コストの上昇、環境保全意識の高揚、台湾通貨の切り上げおよび国際貿易保護等の影響を受けたのである。

戒厳体制下の貿易に関する法令

ここで、台湾における貿易関連の法規について紹介する。

当時の台湾では、貿易管理に関する法規として、日本でいう「民法」や「商法」のような統一法典は存在せず、多くの法令があった。主な関係法令は、次のとおりである。①輸出入分類および管理弁法（一九八一年十一月三十日制定）：輸出入商品の分類に関する規定、②貨物輸出審査規則（一九八三年十二月一日制定）：商品輸出の申請に関する審査および認証の基本法令、③貨物輸入審査規則（一九八三年十二月一日制定）：商品輸入の申請に関する審査および認証の基本法令、④業者の商品輸出入許可証簡便化弁法（一九八四年四月三十日制定）：輸出入許可証不要品目に関する簡便化手続規定、⑤業者の商品輸入申請弁法（一九八四年五月十日制定）：輸入申請の手続きに関する規定、⑥大口物資輸入弁法（一九八四年五月十四日制定）：大豆、小麦、トウモロコシなど大口農産物の合同買付制度規定、⑦業者の商品輸出申請弁法（一九八六年九月二十二日制定）：輸出申請の手続きに関する規定である。

その他、輸出を増進するため台湾が輸出産業に交付する奨励金に関する法令がある。例えば、輸出奨励金の法令として、輸出戻し税制度を規定した「輸出品原料戻し税弁法」（一九五五年七月制定）がある。また、産業の発展のため、研究開発費、人材訓練費に対する税額が控除される投資奨励条例など、輸出の際に様々な奨励を受けられる制度があった。

なお、後述するが、戒厳令解除後、これらの法令は、台湾「貿易法」として統一されることになる。

日台の貿易不均衡の是正のための対話と交流

ところで、一九八一年一月、江丙坤は経済部国際貿易局副局長に就任していた。二十年以上の期間、日本と南アフリカの大使館勤務のための海外生活を経て、ようやく台湾に帰国した。それが、国際貿易局副局長のポストであった。副局長として最初に取りかかったのは、対日貿易赤字問題の解決であった。すなわち、日本に対して消費物資を主体とした千五百三十三品目の輸入禁止措置を行い、貿易赤字の改善に尽力した。この時、日本との貿易赤字は三十四億ドル近くもあり、台湾が貿易赤字を削減するためには輸入制限がどうしても必要であった。しかしながら、台湾側がおこなった輸入禁止措置を、日本側は容認しなかった。そのため双方が納得できるよう慎重に交渉する必要があった。

一九八二年七月に、この輸入禁止措置に関する交渉のため、日本から、元通商産業大臣（現、経済産業省）の江崎真澄を団長とする訪問団が台湾を訪れた。この会談において、江丙坤は担当者として、自ら進んで通訳を志願した。こうして、台湾側の趙耀東経済部長（大臣）、日本側の江崎真澄通商産業大臣の双方による交渉が始まった。

そして、日本と台湾の貿易不均衡の是正には、両国間の経済対話と交流拡大が不可欠であるとして、日本と台湾へ相互に代表を派遣し、会談を続けることで解決を探ることになった。

一九八三年一月、まず台湾太子汽車の創立者で会長の許勝発氏を団長とする団体が日本を訪問した。期間は、約三週間の長期にわたり日本に滞在し、地方にも足を運び、日本の市場を調査するとともに、多くの経済団体や業界団体と意見交換をした。このとき、江丙坤も顧問という形で日本に同行したのであった。次に、一九八三年九月には、日本から、東京ガス会長の安西浩氏を団長とする二百人を超える団体で台湾を訪問した。この訪問団は、台湾の政府高官はじめ全国工商協進会（日本の経済団体連合会に相当する）の辜振甫理事長ら有力財界人、さらに台湾省政府主席の李登輝とも会談して、互いの経済問題解決に向けて意欲的に話を進めたのであった。

こうして、江丙坤は、日本との輸入・輸出の経済取引バランスが上手くとれるように会談調整役を担い、話し合いの先頭にも立ったのである。そして台湾経済を発展させるために、日本側に対しては、対日輸出買付額、十一億ドルを求めたようである。日本は、この目標を超えるように努力すると表明した。結果として、対日貿易赤字問題を改善する大きな成果を収めたのであった。

中華民国対外貿易発展協会の改革

一九八三年五月、立法院（国会）で、中華民国対外貿易発展協会ＣＥＴＲＡ（China External Trade Development Council 略称：貿協、外貿協会）の活動内容や人事に関する問題が取り上げられた。中華民国対外貿易発展協会は、一九七〇年七月一日に設立されたが、現在の台北本部の英語名は、Taiwan External Trade Development Council（ＴＡＩＴＲＡ）である。

これに対して、経済部長（大臣）の趙耀東は、立法院において同協会の改革を約束した。つまり、協会の問題点を解決すると表明したのである。そうした折、江丙坤に経済部政務次長の王昭明から連絡が入り、同協会の秘書長就任の打診があった。

一九八三年十月に、江丙坤は秘書長に就任すると、立法院で約束した協会の組織と人事の改革に取り掛かった。

一九八三年十二月二十二日、江丙坤は、中華民国対外貿易協会の理事会に協会改革案を提出して、採択された。その際、同協会を改革するために参考にしたのは日本の貿易振興機構（ＪＥＴＲＯ：現在、経済産業省所管の独立行政法人）であった。日本貿易振興機構は、日本の貿易の振興に関する事業を総合的かつ効率的に実施すること、並びにアジア地域等の経済及びこれに関連する諸事情について基礎的かつ総合的な調査研究を行い、その成果の普及を行い、もってこれらの地域との貿易の拡大及び経済協力の促進に寄与することを目的としている。

中華民国対外貿易発展協会が日本貿易振興機構を参考にした部分は次のとおりである。まず組織面では、台湾企業の国際競争力の強化を行うための情報収集、市場開拓ミッション、展示やＰＲ活動、デザイン、市場開拓などの各部門の強化であった。次に、人事面では、各部門の部長の定年を七十歳から六十五歳、次長は六十三歳、職員は六十歳に引き下げた。この結果、若者が互いに競い合い、効率よい仕事をするようになり、台湾の貿易の発展に寄与することになった。

台北世界貿易センタービルの建設

さて、一九八五年十二月三十一日、台北市信義区の市政府ビルのほど近くに台北世界貿易センタービルが開業した。貿易センタービルは基隆路と信義路の交差点近くにあるピンク色の四角い建物である。この貿易センターは、展覧ビル、国際会議センター、国際貿易ビル、観光ホテルビル（グランドハイアット台北）の四つの部分からなっている。展示場の一階には、千三百四の展覧ブース、二階には二百五十の展覧ブースを収容できるスペースがある。現在、台北一〇一ビルと連絡通路で繋がっており、毎年二十五回以上の国際展覧会が開催され、その他に外部団体による六十回程度の展覧会が行われている。台湾の産業発展の歩みとともに、年間を通じて、さまざまな国際的・専門分野の展覧会が開催されている

ところで、同協会の秘書長に就任した江丙坤は、協会の改革、各国との自由貿易拡大の努力と並んで、世界貿易センターの開設という任務も任されていた。当時、台北市信義区は、新開発地区として指定されていて、商業、オフィス、高級住宅地が一体となった新興の商業地区を作りあげようとしていた。江丙坤が秘書長に就任した時には、すでに台北世界貿易センター建設計画は決まっていたが、就任してすぐに展示場ビルを完成させる任務を任された。その展示場ビルには、輸出と輸入のブースをつくり、見本市が開ける大規模展示場をオープンさせることになった。

次に、同協会の直接投資による高層の国際貿易ビル建設に携わった。このビルの完成で、一九八八年六月には、台湾プラスチック会社の本社ビル（事務所）にあった同協会は、新しい国際貿易ビル内へ移転することになった。

他方、江丙坤は、貿易の人材育成にも力を注いだ。つまり人材を育成する貿易大学のような訓練所（班）を創設したのである。このため、経済部の委託を受け、毎年百名ほどの受講者が二年の期間、集中して国際貿易の理論と実践、各国の経済史や国際金融などの知識、消費者行動を学べるシステム

をつくった。さらに、受講者には、語学を徹底的に学べるようにした。語学力を習得させることで、貿易実務の一環として商社に三ヵ月ほど受け入れてもらい、海外に受講生を派遣して、内外貿易などのインフラ事業やそれに関連する取引を学ぶための現地訓練を実施しようとした。

このように、一九八三年十月～一九八八年九月までの五年間、江丙坤は、中華民国対外貿易発展協会秘書長として協会の改革に取り組み、台北世界貿易センタービルの開業の一翼を担ったのである。今日では、世界貿易センター付近は、国際都市化した台北を象徴するエリアとなっている。

自由化時代の国際貿易と「貿易法」

一九九三年二月、世界的な貿易自由化の流れに対応しようと、台湾は「貿易法」を制定した。この貿易法は「原則自由、例外規制」という精神に立脚し、台湾として国際貿易自由化に対応するための法律であった。この法律によって国際標準に見合う貿易改革が実現することになった。

一九八七年七月十五日午前零時、三十八年間継続した戒厳令が解除されると、台湾の政治・社会に大きな変化が訪れることになった。これは、民主化のはじまりともなった。また、戒厳令解除後、政治だけではなく、人権と自由の保障や台湾経済の自由化といった経済の高度成長を成し遂げる出発点となったのである。

ところで、一九八八年～一九八九年まで、江丙坤は台湾経済部（日本の経済産業省に相当）の国際貿易局長として勤務した。国際貿易局の仕事は、台湾経済統計、通商の振興、経済協力、貿易管理など数多くあるが、この時、台湾の貿易主要相手国は日本であったが、江丙坤は、対日赤字改善の為の交渉を担当していた。また、その他各国との貿易交渉にも力を注ぎ、台湾が貿易自由化の流れに対応するための体制整備を進めた。

台湾貿易法は、日本の外国為替及び外国貿易法を参考にしたものである。この日本の法律は、一九四九年十二月に、外国為替と外国貿易を厳しく管理するために外国為替及び外国貿易管理法として制定された。しかし、その後の国際経済、日本社会の変化に対応して、一九八〇年と一九九八年の大幅改正を含む随時の改正によって、法令名から管理の二字をとって現行の名称になるとともに、外国為替、外国貿易その他の対外取引が自由に行われることを基本として、必要最小限の管理又は調整を行うことにより、対外取引の正常な発展並びに日本又は国際社会の平和及び安全の維持を期し、もって国際収支の均衡及び通貨の安定を図るとともに日本経済の健全な発展に寄与することを目的とするものとなっている。

台湾の貿易法が、日本の同法を主として参考にした部分は、日本の通商産業省（現、経済産業省）所管の下に、輸入許可品目を設定・公表して、それ以外はすべて自由にしたところである。つまり、貿易の自由化および透明化を促進するため、輸入禁止品目以外は許可なく輸入できる制度にしたのである。輸入制限品目とは、事実上は輸入禁止品目であるが、その大部分はワシントン条約に基づく動植物保護と農産物保護品目である。また、銃器、銃弾、爆薬、毒ガスおよびその他兵器、毒品危害防止条例所定毒品、製剤および関連の種などは当然に輸入禁止品目である。

そして、一九九四年七月一日から、台湾では、貿易の自由化および透明化を促進するため、輸入管理制度を実施して、ネガティブリスト方式、つまり輸入制限品目表による輸入品目規制が行われている。

GATT加盟へむけて

まず始めに、GATTについて紹介する。GATTは、一九四八年一月に、自由貿易の推進と最恵国待遇の原則に基づく世界貿易の発展を目的として、国際通貨基金（IMF）・世界銀行（IBRD）とともに戦後の国際経済体制を支える重要な組織として創設された。後にGATTは解消されて、WTO世界貿易機関に引き継がれるのである。GATTが解消された理由は、貿易に関する国際紛争の数が増加し、紛争処理に関して、より実効性のある紛争解決の規則が求められようになったからである。特に、非関税障壁への対応、物以外の新たな国際取引への対応、紛争処理能力の強化が必要となったためである。こうして、一九九五年一月一日、GATTを発展解消するかたちで、WTO世界貿易機関（World Trade Organization）が設立されたのである。

ところで、一九八九年九月、江丙坤は経済部常務次長に昇任し、GATT加盟に向けて働きかけを始めた。一九九〇年一月一日、台湾は「台湾、澎湖、金門、馬祖個別関税領域」という名称でGAT

T事務局に申請書を提出した。しかしながら、GATT理事会が、これを議題として取り上げたのは、二年九ヶ月後の一九九二年九月のことであった。つまり、中国側からの加盟に反対する圧力があり、理事会の議題にすぐにはあがらなかったのである。

一九九〇年代には、台湾は貿易大国となっていたので、各国と貿易をめぐる様々な衝突や摩擦を経験することになり、台湾がGATTに加盟しないままでは、貿易問題を円滑に解決することが難しくなっていた。

台湾は、GATTに加入していないために最恵国待遇を受けられないことがある。これは、江丙坤が南アフリカのヨハネスブルク総領事館に勤務していたときから感じていたことであった。

台湾では、立法院において与野党間の激しい対決となることが少なくないが、GATT加盟については与野党ともに加盟に向けて意見が一致していた。そのため、問題は国内にはなく、いかにして中国の反対を押し切って、GATTに加盟するかであった。

経済部長とGATT事務局長の密談

そこで、経済部国際貿易局は、GATT加盟専門チームを編成し、加盟に関するパンフレットを作成、在外公館や代表事務所を通じて、世界各国に対して台湾のGATT加盟について説明を行うことから着手した。まず、江丙坤は東南アジア、中南米、北米、欧州を回り、貿易の促進とともに台湾の

ＧＡＴＴ加盟支持を働きかけた。また、海外の有力者への依頼も始めていた。その苦労の甲斐あって、陳履安経済部長とダンケルＧＡＴＴ事務局長との密談を実現させることになった。

この両者の会談の実現のため、中国からの妨害圧力を受けないよう、極秘で緻密な計画が進められた。すなわち、一九八九年十一月十一日、江丙坤は台湾を出発して、十四日にニュージーランドのオークランドで開催された第七回太平洋経済協力会議（ＰＥＣＣ）に出席した。この会議の閉会後、江丙坤は東京に向かい、翌十五日の早朝に東京に着くと、すぐさま韓国ソウルに飛び、ここでは入国せずに、またソウルから東京に引き返すことにしたのである。

一方で、陳履安経済部長と許柯生国際貿易局長は、十一月十四日に台湾を出発してソウルに到着、十五日には江丙坤と同じ東京行きの飛行機に搭乗した。

このソウルから東京までの飛行機の一時間半の飛行時間を使って、台湾の経済首脳陣とダンケルＧＡＴＴ事務局長との会談を行ったのである。

陳経済部長はダンケル事務局長の隣に、そして、江丙坤はダンケル事務局長の特別補佐官フセイン氏（後のＷＴＯ加盟担当事務局長）の隣に座り、台湾のＧＡＴＴ加盟についての理解を求めた。

以上のように、この密談の実施にあたって、各自にはそれぞれ別の任務が割り振られ、異なる目的地の飛行機に搭乗するようにしながら、最終的に同じ飛行機に乗るという方法で、中国からの干渉や圧力を回避したのであった。

ＧＡＴＴ加盟申請書送付のタイミング

さらに経済部国際貿易局では、加盟にあたっての名称と、加盟申請書送付のタイミングについて検討を始める。密談後の一九八九年十一月末、連戦外交部長、陳履安経済部長、外交部国際組織局呉子丹局長と江丙坤は、外交部所管の迎賓館である台北賓館（日本統治時代の総督官邸）で会議を開き、貿易方針と基本原則を決定した。その後、外交部、経済部及び国際貿易局からなる専門チームが、これから起こりうるあらゆる状況を想定し、最終的に、ＧＡＴＴ第三十三条に基づく、完全な自治権を有する独立の関税地域として、つまり「台湾、澎湖、金門、馬祖個別関税領域」（英語略ＴＲＫＭ：The Separate Customs Territory of Taiwan Penghu Kinmen and Matsu）という名称でＧＡＴＴ事務局に対して加盟申請を行うことに決定した。

また、申請書については、一九九〇年一月一日に送付することに決定した。陳履安経済部長が申請書にサインしたうえで、一九八九年十二月二十三日、江丙坤の指示で国際貿易局三組の魏可銘課長がスイスのチューリッヒに申請書と貿易体制についての覚書を持参して、台湾の在チューリッヒ事務所の陳瑞隆主任に申請書と覚書を預けた。

ＧＡＴＴ加盟申請について、通常の国の場合、まずＧＡＴＴ本部に対して加盟申請書を提出し、ＧＡＴＴが申請書を受理した後、作業部会に覚書を提出して審査を受ける。しかしながら台湾は、中国からの妨害圧力という特殊な状況を踏まえ、申請書と覚書を同時に事務局に提出することとし、さらに同時に、すでにＧＡＴＴに加盟している主要加盟国代表団にもその写しを送付するという方法をとったのである。

このように江丙坤の指示が出てから台湾の申請書が提出された時期は、ちょうど欧州のクリスマス休暇を取る時期（十二月二十日から一月一日まで有給休暇などを使用して休暇を取る）であり、各国の代表団の多くは休暇で帰国していた。こうして、一九九〇年一月一日、新年休暇の日に、陳主任は加盟申請書と覚書を同時にＧＡＴＴの宿直者に提出したのであった。

台湾がこの新年休暇の日を選んだのは、中国の警戒心が低下し、妨害リスクが減少すると見込んだためであった。

中国は台湾が加盟申請をおこなった直後、ＧＡＴＴ事務局長に対して申請を却下するよう求める書簡を提出したが、台湾はこれを想定してあらかじめ申請書などの写しをアメリカ、ＥＵ、カナダ、日本等の主要加盟国に送付していたので、ＧＡＴＴ事務局は中国の抗議にもひるむことなく、一九九〇年一月十五日には台湾の加盟申請書を事務局が受理していること、そして、いつでも閲覧できる事を加盟国に通知したのである。

ＧＡＴＴ理事会にオブザーバーとして参加

申請書は受理されたが、台湾の加盟については、理事会が最終的に決定する。加盟に対して、各国の支持を得るため、経済部が効果的なハンドブックを作成して、外交部を通じて各国駐在大使、代表等から働きかけた。また、江丙坤を含む経済部の幹部たちも、手分けして様々な場面で各国に対して働きかけたのである。

こうして申請から二年九ヶ月を経たのち、一九九二年九月二十九日、台湾のGATT加盟を理事会が議題として取り上げ、台湾の加盟申請を認めて、「台湾、澎湖、金門、馬祖個別関税領域」の名称でオブザーバーとしてGATTに参加することを決定したのである。

一九九二年十一月四日、江丙坤は台湾代表団長としてGATT理事会にオブザーバーとして出席した。つまり、台湾は一九七一年に国連を脱退して以来二十一年後、貿易に関する国際協定を結ぶ機関GATTに出席したのである。この理事会には、台湾と中国がともにオブザーバーの立場で参加した。台湾は江丙坤団長の他、経済部、財政部、農業委員会企画処の幹部たちが、理事会開会の一時間前にGATT事務局を訪問し、手順等について確認したうえで、開会の十時に理事会に入室した。理事会開会後、江丙坤は、台湾代表として参加できた感謝と、今後は更なる自由貿易拡大に努力することを約束して、正式な加盟国となれるよう努力するという挨拶をした。中国側はジュネーブ代表部の金永鍵代表が団長であった。

こうして台湾は一九八九年にGATT加盟を検討しはじめてから、四年にわたる準備と各国に対する説明等を経て、オブザーバーとしての参加資格を得たのである。

そして一九九二年十一月十六日、イギリスの駐ジュネーブ大使であるモーランド氏が主催し、五十五カ国が参加した、第一回ＧＡＴＴ加盟作業部会に、許何生国際貿易局長を団長とする台湾代表団が出席した。そこでは、台湾は修正版の覚書を提出して、正式加盟へ向けて作業部会審査が開始されたのである。

オブザーバーから正式な加盟国になるには、手続きは簡単であるが、ＧＡＴＴの要求を完全に満たさなければならなかった。それは、オブザーバーとして数年、交渉に参加する必要があり、覚書を提出した後は、すでに加盟している国による審査を受けることになっていた。これは、マルチ協議という多国間交渉である。この審査の中では、申請国の貿易規則がＧＡＴＴに符合しているか、また符合していない場合はどのようにして修正するのか説明を求められる。このほか、二国間協議が既加盟国との間で進められ、協議が整った段階でそれぞれ協定書を作成し、最終的にはＧＡＴＴ加盟作業部会による加盟議定書の採択を経て、初めて入会の可否が理事会に付議される。その場で三分の二多数の賛成を得ると、初めて正式な締約国となれるのであった。

ＧＡＴＴ解消からＷＴＯ発足、そして台湾の加盟

一九九三年十二月のウルグアイラウンドでの合意を得て、明確な組織規定のないＧＡＴＴは、国際組織として整っているＷＴＯ（世界貿易機関）に発展的に改組されることが決まった。こうして、一九九五年一月一日にＷＴＯ世界貿易機関が正式に発足したのである。

ところで、市場改善を協議する二国間交渉については、日本とは、一九九七年二月に合意、米国とは、一九九八年二月に合意、ＥＵとは一九九八年七月に合意するなど、台湾と二十六ヶ国の地域が交渉を行って、政治的理由から署名をしなかった香港を除いて、すべての国と合意に至った。

たとえば、台湾とアメリカの二国間協議では、関税、牛肉や酒、サービス産業についてなど、たくさんの課題があり、交渉は難航した。十七回に渡る交渉を経て、ようやくまとまったのである。また、日本との交渉では、特に農産物の輸入制限解除、自動車輸入枠の拡大、その他に合板や鶏肉の関税引き下げなどを、日本は台湾に要求した。

次に、多国間交渉においては、前述のとおり、一九九二年十一月に第一回ＧＡＴＴ作業部会が開催されて以来、二〇〇一年九月まで、合計十一回の作業部会が開催された。台湾の改善努力もあって、一九九九年五月の作業部会では、議長より「本交渉に実質的な進展が見られ、加盟議定書・作業部会報告書案も実質的にまとまったといえる」と告知を受けた。

その後、最終作業部会になると見られていた一九九九年七月の作業部会において、一部の加盟国から、作業部会報告書案に主権国家を示す表現が見られるとの指摘があった。また、一九九二年のＧＡＴＴ理事会において、台湾加盟は中国の後でなければならないという了解があったため、加盟議定書・作業部会報告書案に合意できないという結論に至った。つまり、中国からの妨害圧力があったためである。

ＧＡＴＴが解消されてＷＴＯ世界貿易機関へと発展的改組がなされると、台湾は、一九九五年十二月一日に、ＷＴＯ憲章第十二条の規定に基づいてＷＴＯ加盟を申請した。その後、五年という長い協議を経て、二〇〇一年九月十八日に加盟作業部会が約二年振りに開催された。この作業部会において、加盟議定書と作業部会報告書案が採択されて、台湾はＷＴＯの準会員となった。その後、二〇〇一年十一月、カタールで開催されたＷＴＯドーハ閣僚会議において、中国の加盟承認の翌日、十一月十一日に台湾のＷＴＯ加盟が全会一致で正式に承認された。

その後、台湾の立法院の批准手続きを経て、台湾は二〇〇一年十二月二日に受諾文書をＷＴＯ事務局に寄託し、二〇〇二年一月一日に台湾のＷＴＯ加盟が発効となった。台湾はＷＴＯの百四十四番目の加盟国となったのである。

おわりに

江丙坤は、主に経済と外交を通じて、日本との関係を深め、日本と台湾の架け橋となった。江丙坤が大学院博士課程を修了してから日本を離れ、南アフリカで八年を過ごし、二十年以上の海外生活を経て、台北に戻った。戻った際には、台湾経済部（経済産業省）の職員として、日本と台湾の貿易関係の仕事に多く携わった。その中でも一九九三年、ＪＥＴＲＯ主催の経済ミッションで来日した際、通産省の裏口からこっそりと大臣室に入って、当時の通産大臣であった森喜朗と面会したという。この訪問が台湾経済部と日本の通産省の官庁交流に道筋をつけたと見られる。

台湾には今日、対日関係を重視する大手企業グループによって組織された中華民国三三企業交流会がある。この三三会設立のきっかけは、一九九九年、東京のホテルオークラで、当時の自民党幹事長・森喜朗と江丙坤との昼食会であった。このとき森喜朗が、「日本の財界は最近台湾のことをあまり言わなくなりましたよ」と語った。これを聞いた江丙坤は、日本はもう台湾に関心がないのかとショックを受け、台湾に帰ってから財界の重鎮である辜振甫や、当時の李登輝総統と話し合いをもった。その結果、日本の企業グループの社長会に対応できるような組織を台湾にも作ろうということで、台湾のトップ五十社を集めて、一九九九年七月に「中華民国三三企業交流会」を設立したのである。そして翌二〇〇〇年から本格活動を始めた。同交流会は、年一回日本を訪れ、大手商社や大手電機メーカーを中心に訪問して、日本の企業との交流を深めてきた。このように、江丙坤は、日本と台湾の企業間交流にも尽力したのである。

二〇一四年に東京スター銀行の取締役会長に就任した江丙坤は、最近は毎月、取締役会のために東京へ来ているようだ。これは、台北に本社がある中国信託金融ホールディングが東京スター銀行の主要株主となった関係で、同行の会長職に就いたものであるが、今後とも、同銀行の業務を通じて、江丙坤は、日本と台湾の企業が良好な関係を築き、ともに発展する後押しをするであろう。

主要参考文献

江丙坤『私の中の日本・台湾』日本工業新聞社、一九九五年
江丙坤『日台の架け橋として 居之無倦、行之以忠』日本工業新聞社、二〇一六年
交流協会『台湾の貿易・関税・外貨制度』交流協会、一九八五年
日台関係研究会編『辛亥革命一〇〇年と日本』早稲田出版、二〇一一年
浅野和生編著『台湾民主化のかたち』展転社、二〇一三年

第三章

許世楷駐日代表と日台関係の発展

日台関係研究会事務局　松本一輝

許世楷は、二〇〇四年から二〇〇八年の第二期民進党陳水扁政権下において、二〇〇四年七月から二〇〇八年七月まで東京の台北駐日経済文化代表処の代表、事実上の台湾の駐日大使を務めた。

しかし、許世楷は台湾民主化以前、日本において台湾独立運動家として活動しており、その活動が国民党政府の監視対象とされ、危険人物として台湾で指名手配となり、三十三年間もの間、台湾に戻ることがなかった。

本章では許世楷の半生と、その台湾独立運動を振り返るとともに、台湾大使として、日台関係のために果たした役割を紹介するものである。

日本留学と政治活動

許世楷は一九三四年に台湾彰化市に生まれ、一九五七年に台湾大学法学部を卒業後、一九五九年末に来日、早稲田大学大学院政治研究科で修士課程を修了後、東京大学大学院法学政治学研究科で日本政治外交史を学び博士課程を修了し、法学博士となった。東京大学の博士論文は、博士課程修了後の一九七二年に東京大学出版会から『日本統治下の台湾―抵抗と弾圧』というタイトルで出版された。この本は台湾史研究の分野で高く評価され、出版後三十年以上が経った二〇〇六年に中国語版が出版された。二〇〇八年にはインターネットやハガキでの希望を受けて、絶版になった学術書などを再版する「書物復権」企画によって復刊書物に選出され、再版されている。

さて、博士課程を修了した許世楷は、津田塾大学が国際関係学科を作るという話を受けて、学科の立ち上げ、文部省への認可申請の段階から携わった。一九六八年から助教授となり、認可が下りた直後の一九六九年から国際関係学科において授業を行った。その後、津田塾大学において国際関係研究所所長などを歴任し、二十三年間にわたって勤めた。

先述の通り、許世楷は一九五九年、二十五歳の時に日本の早稲田大学に留学してから三十三年間、中国国民党から政治犯としてマークされたため、台湾に戻ることはできなかった。その理由は戦後の台湾の歴史にある。

国民党による台湾統治

台湾は一九四五年十月二十五日に中華民国により接収され、日本政府による統治から、国民党軍による中華民国政府の統治に移行した。日本による統治から、中華民国政府による統治へと移行すると、日本語だけでなく、台湾語も禁止となった。日本語の本の出版、日本映画の上映が禁止となり、これに加えて公の場での台湾語の使用が禁じられたのである。このため、北京語をすぐに覚えて切り替えることのできた人以外は「口を封じられた世代」と呼ばれることとなった。

国民党による台湾支配は、異民族である日本人による統治とは異なるものの、台湾人にとっては、新たな外来勢力による抑圧的統治の始まりとなったのである。

日本統治時代には、台湾人に対するさまざまな差別があったが、当初「同胞」として歓呼の声で迎えた国民党軍の支配に対しても、不満を持つ者が増え始め、各地で反国民党支配の政治運動が起こることになった。そのピークが一九四七年の二・二八事件である。その後も繰り返し政治的要求が示されたが、そのたびに国民党政府の弾圧が繰り返されることとなる。このような状況は、一九八七年七月十五日の戒厳令解除まで続いたが、本格的な民主化、人権の確立は、一九九一年四月の動員戡乱時期臨時条款（内乱鎮圧の非常時による軍事支配体制）の廃止まで待たなければならなかった。

許世楷の台湾独立運動

台湾で国民党政権に不満を持ち、国民党入党を断り続けた許世楷には、密かに台湾より自由な活動ができる日本で台湾独立運動をしようという思いがあり、日本に留学した。そして日本で仲間を見つけ活動を開始したのである。しかし、日本では台湾より格段に自由な活動ができるとはいえ、国民党からの監視は継続していた。

当時、国民党支配に反旗を翻したり、台湾独立を主張すると、ビザ更新に大使館・領事館を尋ねたまま戻ってこなかったり、台湾に帰国すると同時に空港で逮捕されたりしたのである。許世楷も中国国民党、中華民国政府にマークされ、ビザ更新の際にパスポートを没収され、台湾では指名手配の身となり、台湾に戻ることができなくなった。

そのような状況下で許世楷は在学中に、早稲田大学に「台湾稲門会」、そして東京で「台湾大学校友会」を作り留学生が中心となって雑誌『台湾青年』を創刊した。雑誌は主に留学生の集会において配布された。反応はさまざまであり、活動を応援してくれる者もいれば、雑誌の内容に賛同したとみられることを恐れて、雑誌に触れることすら嫌がり、箸でゴミ箱に捨てる者もいた。

許世楷と新憲法草案

許世楷が来日して独立運動を始めた当初は、「とにかく独立したいというが、具体的に、どういう国を作りたいのか」と尋ねられることがしばしばあった。その都度答えていたものの、独立運動を始めて十年が経つころには、自分たちの目標の全体像をきちんと描くことが必要ではないかと考えるようになった。そして、台湾独立聯盟日本本部の会合で、それでは憲法草案の形で示してはどうかという結論となった。そうすれば、独立運動をしている台湾人としても目標がはっきりするし、外国人にアピールするにも、自分たちの主張を理解してもらいやすくなる。一般の台湾人からも、そういう国なら私たちも実現して欲しい、と支持する声が広がると考えたのである。

一九七〇年頃から議論が始まったが、まずは許世楷が草案を書き始めることになった。それを聯盟日本本部中央委員会に提出し、参加者で議論を重ねて、一九七二年には憲法草案として仕上げられた。

中華民國憲法に対して、許世楷が指摘していた問題点の一つは、この憲法が制定された一九四六年の中華民国は、大陸の中国が主体の大中国であって、台湾はその数十分の一を占めていたに過ぎなかったことである。つまり、憲法制定にあたった国民の代表の大多数は、大陸の中国人であって、統治対象も大中国であった。その憲法を台湾だけに施行することは不適切だということである。

実際には、中華民國憲法は一九四六年に制定されたものの、すぐに国民党と共産党の対立による内戦となり、一九四九年には戒厳令が布かれて、憲法は凍結されてしまった。したがって、同年十二月に国民党政府が南京から台湾へと移転して以後、三十八年間にわたって憲法は使用されず、結果的に大中国のための中華民国憲法と台湾統治の実態との間の矛盾は、必ずしも表面化しなかった。

許世楷が指摘した第二の問題点は、この憲法がある特定の個人の「教え」を根拠に置いていることであった。

中華民國憲法の前文には「この憲法は孫文の教えを根拠とする」とあるが、世界の憲法のなかで、ある個人の教えを根拠にしているものは、共産主義国家の憲法くらいのものである。民主主義国、自由主義の社会においては、あってはならないことだと許世楷は主張している。

これに加えて、中華民國憲法では、その統治体制が、日本やイギリスのような議院内閣制であるのか、アメリカのような大統領制であるのかはっきりせず、どちらとも採れる書き方がされていることである。実際、蔣介石の死後、厳家淦総統の下、蔣経国が行政院長（首相に相当）であったときには、「この国は内閣制で、いちばんの権力は首相にある。総統は飾り物にすぎない」と彼を含めすべての人が言っていた。ところが、蔣経国が総統（大統領に相当）になると、憲法は変わっていないのに、今度は

「この国は大統領制である」と言ったのである。

このように、国家の基本的統治体制について、どちらともとれるような曖昧さが憲法にあって良いはずがない。これが、台湾に混乱が絶えない原因の一つになっている、と許世楷は指摘した。したがって、台湾を安定させるためにも、台湾の実態にふさわしい新たな憲法の制定が必要であると主張したのである。

また、台湾が、台湾人の手で作った、台湾を統治するための憲法を持つことは、台湾が、中国とは別の国家になることである。つまり、憲法制定運動は、法的な意味での台湾独立を実現させるための運動なのであった。

三十三年ぶりの帰郷と台湾での政治活動

李登輝総統が一九九〇年の国民大会で総統に再任されると、李登輝総統の主導による台湾民主化の動きが次第に本格化することになった。

台湾生まれの台湾人である李登輝総統が、国民党の主導権を握るようになると、それまでの国民党支配体制に変化が訪れた。一九九一年四月末には動員戡乱時期臨時条款が廃止され、戦時体制が完全に過去のものとなった。

そのような変化のおかげで、一九九二年十月、許世楷は三十三年ぶりに台湾の土を踏んだ。

空港では数千人に出迎えられ、マスコミや新聞記者に質問されながら空港の外に出た。車の上に乗ってスピーチをしようとすると、無届であったため警察から「すぐに降りろ」と指導を受けたが、これを民衆がなだめるなど、以前のような弾圧的な空気は薄れていた。

許世楷は一九九二年十月の台湾里帰りの後、津田塾大学の仕事を続けるか迷ったものの、翌年三月に大学に休暇を申請して、帰国することにした。台湾に帰国後は、台湾文化学院院長に就任して授業を行うこととなった。

台湾文化学院では、授業を台湾語で行い、台湾の歴史、地理、言語などを教えた。今でこそ台湾史や台湾地理、台湾語は多くの大学で教えているが、一九九三年当時、他には教えている大学は皆無であった。

許世楷は台湾に帰国後、台湾での制憲運動、すなわち新しい憲法を制定する運動に携わるようになった。これは、一九七〇年の結成当時から中央委員、総本部主席を務めた台湾独立建国連盟の主要政策でもあった。運動方針の一つは、新しい憲法を制定することだったが、二つ目に「台湾」の名義で国連に加盟すること、三つ目は国民党に牛耳られているメディアの解放、自由化であった。

一方、許世楷はこの頃、台湾建国党の主席に就任した。一九九〇年代初めは、戒厳令下で国民党以外の政党の結成、活動を禁じていた「党禁」が解除されたことにより、さまざまな政党が雨後の竹の子の如く誕生した時代でもあった。

一九九五年の立法院総選挙（日本の衆議院総選挙に相当。当時は中選挙区制）に際して、許世楷は台中市選挙区で民進党から立候補した。定数四人の選挙区に候補者十人が出て戦う激戦であったが、許世楷の得票は二万千九百七十票、得票率六・二二パーセントで七位となり残念ながら落選した。

許世楷駐日代表の誕生

一九九六年から総統選挙が直接民選となり、李登輝が引退する二〇〇〇年の総統選挙では、国民党が分裂して、公認候補の連戦のほかに非公認で宋楚瑜が立候補した結果、いわば漁夫の利を得る形で民進党公認の陳水扁が当選した。こうして戦後初の、否、台湾の歴史で初めての、民意に基づく政権交代が実現した。その四年後、二〇〇四年三月二十日に投票が行われた総統選挙では、今度は陳水扁が単独過半数の票を得て、二度目の勝利を収めた。二期目の政権発足を前に、許世楷は駐日代表に任命された。

当時、許世楷は大学を辞め、残りの人生を台湾でゆっくり過ごそうと考え始めた矢先のことであった。

陳水扁政権下で総統府最高顧問となっていた彭明敏から打診があり、その時は現実味がなく「そうですね」と曖昧な返事をするに留まったものの、数日後の五月十三日、新しく外交部長（外務大臣）に就任した陳唐山から電話があり「君を駐日代表に推薦するつもりだが、きみ、本当に受ける気あるの？　推薦していいやだと言われたら困るからね」と言われ、「いいよ、いいよ」と返答したものの、まだ現実感はなかったという。

それから一時間ぐらいして彭明敏から「許代表、おめでとう」「総統が承諾しました。でも、まだ内定ですから、人には言わないでください」という電話が来た。これをきっかけに「おめでとう」の電話を許世楷は多数受けることになった。

家に帰り着いてもまだ実感がわかず、夕食になってようやく思い出し、妻に話したところ「なぜ私にひとことの相談もなしに、ひとりで決めてきたのですか。私は行きません！」と怒られてしまった。しかし、夫人にとっても日本は思い入れのある土地であることから、次第に機嫌を直し、無事に夫婦そろって来日して駐日大使に就任することになったのである。

当時とは内部体制が違うとはいえ、以前は中華民国政府からブラックリストに記載され、危険人物としてマークされていた人物が時が経ち中華民国政府の日本における代表として働くことになることは、許世楷にとって感慨深いものであった。

許世楷の駐日代表内定後、陳水扁総統から電話があり、五月十七日に総統府で会談をすることになった。

総統は「もっと前からあなたの任命を考えていたのですが、あなただと、ひょっとしたら反対の声も上がるかもしれないし、日本側も驚くかもしれないと考えました。今はいい時期だと思います。ぜひお願いします」と言われた。

許世楷は日本での任務として「新憲法制定の意図を日本政府に伝え、理解と支持を取りつけたい」

こと、「日本と台湾の安全保障問題の話し合いを進展させたい」こと、「文化・学術交流を促進させたい」ことの三つを主要な仕事と考えていると述べると、総統は「もちろん、それで結構です」と言われた。そこで就任が正式に決定したのである。そして翌十八日、五月二十日の総統就任式を待たずして、次期駐日代表就任が正式発表された。

許世楷駐日代表の就任

駐日代表就任前の六月二十一日に、台湾でメディアのインタビューに答えた許世楷は、「台日両国には憲法について共通の課題を持っている。日本の憲法は米国の影響を受けたもので、今の日本にそぐわない部分があるように、台湾にも正常な国家としての身の丈に合った憲法が必要だ。これについて日本に理解を求めることが、私の主要任務の一つである」と述べた。また、対日外交の基礎について「国と国との外交には形式的関係と実質的関係があるが、日中関係は前者、台日関係は後者だと言える。台湾は主権国家であり、日本からそれを承認されていないだけだ。さもなければ日本に台湾の代表処があるわけがない」と強調した。

また、来日して最初の七月六日の駐日代表就任記者会見で、許世楷が第一に掲げたのは台湾の新憲法制定についてであった。

記者会見の中で許世楷は「陳水扁総統は選挙の時から常に台湾の新しい憲法を創ると申しておりま

した。就任式の時にも『憲政改造』という表現でそのことを改めて話しておりました」と述べたように、新憲法制定は第二次陳水扁政権で重要視されていた。

その上で許世楷は新憲法について三つの不確定要素を挙げた。

一つは、台湾の民意である。許世楷は「つまり民意がどこまで高まるかということです。たとえば、今回の総統選挙の時のように非常にきわどい差であった場合、新しい憲法を創るなどということは非常に難しいのではないかと思われます。台湾のアイデンティティーを五十％から六十％、七十％、八十％くらいにまで高めていかないと、本当に理想的な憲法は創れないと思います。要するに、憲法改正には民意というものが基本になるということです」と説明した。

二つ目に、台湾が国際関係において非常に不安定な国であることを指摘した。「昨年末に総統選挙と同時に公民（国民）投票を実施すると発表して以来、米国さらに日本からいろいろと反応があり、それによって公民投票実施に対する台湾での民意がかなり低くなり、実施はしましたが成立しなかったという経緯があります。こうしたことから、新しい憲法を創るということにおきましては、各国の動向というものがきわめて重要と言うことができます。そうだとすれば、駐日代表として、日本政府ならびに日本の民意に、台湾の憲法改正がどれだけ受け入れてもらえるか、それを考慮しながら啓蒙活動を促進すること」が、許世楷の日本での重要な仕事の一つであった。

また、許世楷は「私の仕事は日本が対象となっておりますが、台湾のすべての外交使節というものが、これを重要な仕事の一つとすべきだと私は思っております。そうだとすれば、私が日本に赴任するということは、これまで行ってきた新しい憲法を創るということにおいて、場所を変えた、いわば戦場を変えたということになります。すなわち台湾国内において民意を高めるという戦いから、日本の皆様にこの件を訴えていく」ことになったものであると論じた。つまり、従来は台湾の中で行っていた活動を台湾の外から台湾の民意を高めていくというように「活動範囲が変わった」ものであった。

その上で、三つ目に「陳水扁総統の決意」を挙げ、彼がこの憲法改正問題を駐日代表としての任務としたい旨を陳水扁総統に伝えたところ、総統が「それでよい」と言ったので、駐日代表の任を引き受けたと述べた。つまり、台湾の新憲法実現のためには日本から理解を得ることが必要不可欠であり、対日工作のために許世楷に白羽の矢が立ったという側面があったかもしれない。

第二点として挙げたのが「日米台の連携強化」であった。

許世楷は、日米台三国の関係について日本に来て考えたところ、日本と米国の間には、日米安保条約があり、台湾海峡も防衛範囲の中に含まれており、これが台湾にとって重要な要素の一つとなっている。また、台湾と米国の間には、米国の国内法として、台湾関係法がある。

これは、米国の国内法とはいえ、一九九六年の台湾初の総統民選に際して中国が台湾にミサイル演習を仕掛けた時、米国はこの法律によって空母艦隊を台湾海域に派遣し、中国を牽制した。また台湾関係法には武器売却を認める規定があり、当時の台湾は米国から最新兵器を購入する話を進めてきた。それは、台湾海峡の軍事バランスを維持するための措置として、きわめて重要なことであった。

この日米安保条約と台湾関係法を繋げて考えれば、台湾と日本の間には、間接的な、あるいは表面には現れていない「防衛の鎖」が存在し、それによって両国は結ばれている。しかしながら、この「防衛の鎖」というものは、これを日本がどう見ているか、また米国はどうか、さらに台湾はどう考えるかによって、ある程度変わっていくものである。

以上の認識に立って許世楷は「これの温度を低めないように注意し、常に燃やしつづけて行かねばならないと思っております。それが私にとって大事な任務であり、さらにそれだけではなく、これを強化して行かねばならないと思っております。それが台湾の安全保障、つまり生存にとって非常に大事だと認識しております」と述べた。

第三点目として挙げたのが「文化学術交流の充実」である。

すなわち、外交関係を形式の上で見た場合、日本政府は「一つの中国」を承認しており、中華人民共和国は日本に大使館を開設している。その一方、台湾とは国交がない。

しかし台湾は、実質的に存在しており、日本人であっても米国人であっても、台湾に行くためには台湾政府にビザを申請しなければならない。また、税金も台湾政府が台湾で徴収しており「事実上そこに主権国家が存在している」との認識を示した。

それゆえ、日本と台湾の間には、事実上の外交が存在している。この現実を踏まえて、台湾政府は日本国内に代表処を設けており、日本政府も台湾に大使館の機能を持つ交流協会の事務所を開設している。

ただし、中国と台湾をくらべた場合、中国は大使館で、台湾は代表処であるため、台湾が劣勢になるかもしれない。だから許代表としては「必要以上には中国とぶつからないようにすることが肝要なのではないか」と考えている。また、台湾と日本の間には、歴史的な深い関係があるので、もっと深く、もっと広く、文化的な、また学術的な交流を進めていきたいと考えている。さらに「この文化的および学術的な交流は、一見軍事的、政治的なものより弱々しく映るかもしれませんが、大男のガリバーを一本一本の糸でつないで最後には強固なものとしたように、やがては太く強い絆にして行きたいと願っております」と述べた。

許世楷は「日本の学界出身であり、文化活動もいろいろとしてきた実績があるので、この学術的、文化的なものを、外交の特色として行きたい」との抱負を語った。

日台相互ビザ免除の恒久化

許世楷が駐日代表を務めていた、第二次陳水扁政権下での日台関係深化の大きな出来事の一つとして、日台相互ビザ免除の実質恒久化が挙げられる。

台湾人の日本へのノービザ渡航の許可は、元来、二〇〇五年二月九日の参議院本会議での可決で成立した愛知万博開催に伴う特別法（外国人観光旅客来訪促進法）で、二〇〇五年三月二十五日から九月二十五日までの間、ビザなしで九十日までの日本滞在を認める特例法であった。

しかし、三月以来の台湾人の犯罪発生率などを鑑みて、八月五日の参議院本会議で恒久的なビザ免除が決定された。

許代表は、二〇〇五年十月六日の国慶節の祝辞で「ノービザ措置を恒久化させたことにより、台湾からの観光客数は、たとえ万博が終わっても減らずノービザ措置は相乗効果をもたらし、相互交流の気運をいっそう高めると期待する」と述べた。「人的交流は双方の理解をさらに促し、両国関係を具体的に促進する大変重要な基礎であり、ノービザの恒久化が台日の人的交流を促し、両国間の理解をいっそう深める大きな一歩を切り拓いた」とした上で「外交関係のない両国が互いにノービザ措置を適用することは普通ではありえないことであり、これは両国の密接な関係と絆の深さを証明するものにほかなりません」と指摘し、「ノービザの恒久化が台日の人材交流を即し、両国間の理解をいっそう深める大きな一歩を切り拓いたと考えています」と強調した。

また、許世楷代表は国慶節のパーティに合わせて、産経新聞のインタビューに答えていた。ノービザの恒久化については「愛知万博期間中のビザ免除とその後のビザ恒久免除の影響は大きいと思う。台湾は一九九四年から、日本人に対して既にビザ免除を実施している。対等になった意義は大きい」として「台湾の人にとって、ビザ申請の費用と手間暇が省かれただけでなく、気持ちの上で日本がさらに近い国と感じるようになった。今後の日台交流にいろんな意味でプラスになると思う」と述べた。

さらに、このインタビューでは、これ以後の日台関係の展望についても、「台湾と日本は一九七二年に国交が断絶して三十三年を数えた。その間冷戦が終結し、国際情勢が大きく変化したにもかかわらず、日台関係はまだ七二年当時のままで、ほとんど変わっていない」として、政治分野での停滞が、現実の密接な民間交流、経済交流に対応できなくなったとの認識を示した。その上で「今こそ日台関係の在り方を全般的に見直し、米国の台湾関係法のような法律を日本でも制定して、新たな日台関係を築いてほしい」と「七二年体制の見直し」を提言した。

日本版台湾関係法

以上のように、許世楷は日台関係の進展のために「七二年体制の見直し」を重視していた。「七二年体制」とは、日中国交正常化と日華断交によって発生した、現在まで続く日台関係の状況、基礎のことであり、この体制の上では日本と台湾の間には公式の国交が存在しないだけでなく、相互交流に法的基礎がないことである。

許世楷は「七二年体制」を見直すことで、日台関係を変化させ、新たな基礎の構築を主張しているのである。

アメリカは、一九七九年一月一日をもって台湾と断交することになったが、主に台湾の安全保障のために、アメリカ議会で一九七九年四月に台湾関係法を成立させて、一九七九年一月一日にさかのぼって法を施行することで、米台の間に無法状態を発生させなかった。これにより断交後も法に基づいた相互の関係は継続したのである。

そこで、日本と台湾の間にも、日本版の台湾関係法を制定することで両国関係に法的基礎をおくとともに、台湾の安全保障を確保すると同時に、情報の交換により、日本の安全も確保できるという狙いがあった。

この提言を受けて、日台関係研究会事務局長の浅野和生は「七二年体制の見直し」を研究して、二〇〇五年十月十三日、東京財団において、「日台関係基本法」を発表した。これは、日本が台湾との国交を持たず、台湾を国家として承認していないという前提で、日本が地域としての台湾の取り扱いに法的基礎を置こうとする提案であった。なお、この私案の策定には、元参議院法制局長で、その後、関東学園大学法学部教授、徳山大学学長を歴任した、元日台関係研究会会長の浅野一郎がアドバイザーを務めた。

「日台関係基本法」はまた、東アジアの平和と安定のために必要があれば、日本政府の機関または関係者が、台湾に情報を提供できると定めることで、日台の安全保障協力にも道を拓こうとする提案である。この私案は、その後、自民党その他の衆参両院議員にも紹介するなど、法制化への努力が継続されている。

運転免許証の日台相互承認

許世楷代表在任中の日台間におけるもう一つの大きな出来事として、二〇〇七年九月の「運転免許証の日台相互承認」が挙げられる。

二〇〇七年九月十九日、台湾人の日本への短期滞在の際に、運転免許証と指定機関で発行された日本語訳を所持することで、日本国内での運転が可能となった。

さらに、二〇〇八年十月一日からは全面的な自動車運転免許相互承認の互恵措置が実施され、台湾の免許証を所持していれば、日本の運転免許証を試験免除で申請できるようになった。

二〇〇七年十月四日の双十国慶節での祝辞で許世楷は「いままで台北や高雄等の大都市中心だった観光客が、より多く地方へと広がっていくことになる」とした上で「日本側もここ数年来、そういう傾向が続いており、北海道、東北、北陸等地方へ広がり、地方対地方という、その接触面がお互いに広がってきており、車の運転免許の相互承認をきっかけに更に地方交流が促進される」との考えを示した。

政権交代と駐日代表辞任送別会

二〇〇八年三月の総統選挙において、国民党の馬英九が当選し、民進党から国民党への政権交代となった。

許世楷は民進党員ではないが、民進党の総統が直接任命した駐日代表であるから、与野党が入れ替われば、新しい馬総統の信任する代表に交代するのが当然と考えた。

そこで、辞意を表明する前に今までお世話になった方たちにお別れの挨拶をしたいと友人に話したところたちまち話が進み、六月一日にホテルオークラの宴会場で送別会が行われることとなった。辞令が出ていない段階での送別会は異例のことであった。

送別会には政財界はじめ全国各地から有縁の人々約八百人が駆けつけ、日華議員懇談会など六五団体による共催で盛大に行われた。会には安倍晋三前首相（当時）も出席した。

安倍は挨拶の中で、祖父の岸信介が首相を務めていた当時、中華民国政府による許世楷の強制送還要請を断ったエピソードを披露、自身が自民党幹事長の時代に許世楷代表と知り合ったと説明した。安倍は、台湾を訪れる日本の政府関係者のレベルが大幅に上がった他、互いの観光客に対するノービザ措置や自動車運転免許証の相互承認など、台湾と日本の関係は大いに発展したと述べた。

そして安倍は、台湾はアジアと世界の平和と安定に大変重要だと強調、自分はアメリカに対して、アメリカと日本の国家指導者が台湾のリーダーと話し合えないのは不自然だと主張したと述べ、今後の課題になるとの見方を示した。

聯合号事件と許世楷の対応

五月二十日の政権交代、国民党馬英九総統の就任にもかかわらず、後任が決まらないまま、許世楷が駐日代表を続けていた六月十日深夜、尖閣諸島付近で台湾の遊漁船「聯合号」が、警備中の日本の海上保安庁の巡視船「甑」に衝突されて沈没する事件が発生した。いわゆる「聯合号事件」である。

許世楷代表は、深夜三時ごろに連絡を受け、翌日の夜までに九人の日本側当局者および事件に関心を持つ有力者と会い、助力を要請した。事件当日に十三人の遊漁船の客は解放された。乗務員三人は調査のため石垣島に連行されたが、翌日、許世楷がさらに数人の日本政府有力者に会って助力を要請すると、二人の船員が釈放された。そして十三日には船長も釈放された。これは通例よりも早い進展である。

しかし、台湾国内では「釣魚台列嶼（尖閣列島の台湾での呼称）は台湾の領土だ。そこで台湾の遊漁船が日本の巡視船に追突されて沈められるとは何事だ」ということで、一部に存在していた尖閣諸島主権の主張が社会の前面に浮上することとなった。台湾では日本の事実上の大使館である財団法人交流協会台北事務所に対して沈没事故を抗議するデモが繰り出された。また、立法院でこの問題が取り上げられ、劉兆玄行政院長は挑発的な質問に答える際に、一般論として「開戦の可能性を排除しない」と答弁する事態となった。これに呼応して、中華人民共和国も抗議声明を出すに至った。

そして十四日には許世楷代表が、帰国して日本政府との交渉経過を報告し、今後の交渉について指示を仰ぐようにという電報を受け、許世楷は十五日に急遽帰国した。中華民国の馬英九政権によるこの措置は、日本に抗議する意味での「代表召還」ではないかともいわれたが、帰国後の外交部での記者会見で、許世楷は「召還」であるとは知らされていないと否定した。

また、この記者会見で、日本の海上保安庁責任者が台湾の遊漁船に対する衝突沈没について「遺憾」を表明したことは謝罪の意味なのか、という質問が出された。これに対して、許世楷代表は、台湾と日本は同じ漢字を使うからといって、ある字が双方で同じ意味をもつとは限らないことを説明したうえで、「日本側の『遺憾』は謝罪を意味したと理解します」と述べた。

記者会見の翌日、許世楷が起床すると、テレビでは多数の国民党立法委員が、許世楷代表のことを日本側に立って弁護している裏切り者だとして、「漢奸」という語を用いて批判していた。また、一部の新聞も同様の論調で非難した。

ところで、馬英九はアメリカ留学の大学院生時代、尖閣の領土保全運動、いわゆる「保釣」運動に熱心であり、ハーバード大学での博士論文は、尖閣諸島の領有権をめぐる法的議論を通じて、中華民国の領有権を主張するものであった。さらに、台北市長時代の二〇〇五年には尖閣諸島問題に関連して、「政府は『一戦も惜しまず』の態度で日本に対して厳重な談判を行うべきだ」と発言していた。ところが、聯合号事件では、馬英九はただちに表面に出て政府としての対応を語ることをせず、慎重であったため、対応が手ぬるいという批判が、国民党内部からも出ていた。

そうした折、不幸にして許世楷は、対日強硬派のターゲットにされたのである。こうした国民党および馬政権の対応に直面して、許世楷はすぐさま外交部に駐日代表の辞表を提出し、立法院での報告の予定をキャンセルして、自らの宿泊先での記者会見を開くこととした。許世楷をスケープゴートにしようと待ち構える立法院では、自らの主張を展開することはままならないと判断したのである。

実際、許世楷が台湾に戻った翌日、十六日には、台湾の巡視船九隻が民間の抗議船とともに尖閣諸島海域へ向かい、日本の巡視船との間で放水合戦が繰り広げられるなど、事態はヒートアップしていた。また、馬政権はこの時点まで積極的に事態の鎮静化を図ってはいなかったのである。

しかし、十七日になるとようやく馬英九が記者会見を開き、「わが国の領土、わが国の領海であれば、われわれが行くべきときには行くのであり、その立場はきわめてはっきりしている」と述べ、同時に、平和裏の解決が大前提であると宣言した。また、台湾の政府はこの問題で日本と協議を進め、船長を含む全員が釈放されるなど、すでに一定の成果が得られたとし、「日本側も一定程度の誠意を表明した」との見解を示した。この記者会見を境に、事態は収束の兆しをみせるようになった。

一方、馬英九総統は、もともと許世楷に駐日代表留任を働きかけていたが、この段階では辞職を認める発表をした。

以上の通り、許世楷は政権交代によって自ら退くべき時と自覚しながら、台湾の国益のために働いたにもかかわらず、それを認めない国民党の仕打ちを目の当たりにして駐日代表を辞職することになったのである。しかし、許世楷代表に代わって混乱した日台関係を正常化させられる人物を得ることは困難であり、馬英九政権は、これ以後二ヶ月あまり、駐日代表を決めることができなかった。

許世楷の代表辞任にあたって見解を求められた日本の当局者は、記者会見で許世楷代表の後任について「どういう人物が望ましいか」を尋ねられ、思わず「許世楷代表のような人」と回答した。

去る平成二十九年四月、春の叙勲において、許世楷の長年にわたる日台関係への貢献が評価され、旭日重光章が授与された。許世楷の駐日代表在任期間以後、日台関係は一九七二年の「断交以来最良の時期」と評価されており、さまざまな台湾内外の政治的変動を余所に、日台関係は静かに進展し続けている。

第四章　曽永賢の生涯と日台関係

平成国際大学教授　浅野和生

曽永賢先生は、一九二四年の生まれで、二〇一七年現在、九十三歳の高齢である。先生は、日本統治下の台湾、苗栗県銅鑼に生まれ、戦時下に日本へ居を移し、早稲田大学に入学、戦時中は学徒動員で徴兵されたが、戦後は共産党に加わり、台湾に戻って台湾の共産革命を目指して奔走、ついに台湾の当局に逮捕された。その後、転向して中国共産主義研究の専門家となり、調査局の退職を機に、李登輝総統時代の総統府に招かれ、政権中枢において対中国政策と日台関係に携わった。まさに波乱万丈の生涯であり、戦後の台湾史の知られざる一面を生き抜いた人物である。この人の歴史をたどることで、戦後の台湾の裏面史と、その中で過ごした一人の台湾知識人の真摯な生き方を知ることができる。

本章は、台湾の国史館から出版された『従左到右六十年　曽永賢先生放談録（左から右への六十年）』（二〇〇九年十二月刊）に依拠しながら、曽永賢先生本人の同意の下、日本人の読者を前提にその生涯と共産主義論を記したものである。原文は中国語であるが、以下、筆者の責任で訳出し、敬称を省略するとともに、一部の旧漢字を新漢字に改め、若干の註を加えた。

曽永賢の生涯は、元の著書のタイトル『左から右への六十年』が示すように、左翼・共産党員として活動を始めながら、台湾の愛国者としての人生へと変わっていく劇的な人生である。

日本統治下の台湾で初等、中等教育を受けた曽永賢は、戦時下の昭和十四年に十五歳で日本内地に居を移した。戦時下に早稲田大学に入ったものの、軍需工場での労働に従事させられ、さらに学徒動員で、勉学にいそしむ生活を過ごすことはできなかった。

終戦後、大学に戻って、ようやく学生らしい日々を送ることになったが、戦後の思想解放の空気の中、共産党に入ることになる。次兄が先に共産党員としての活動を始めていたことから、その手引きで共産主義活動に引き入れられた曽永賢は、兄が中国大陸の革命へ挺身して行ったのとは別に、台湾に戻って、その革命を目指すことになった。

戦後の台湾は、日本統治から離れて、国民党の支配する中華民国の統治下に置かれたが、国共内戦を戦う国民政府は、反共政策をとり、共産党員の摘発を進めることになる。追い詰められた曽永賢が、山中で逮捕されたのは一九五二年四月、二十八歳の時のことである。

その後の曽永賢は、中国共産党の研究と、その研究成果を伝える教育に長年にわたって従事することになった。調査局では、大陸中国の実情について原資料を用いて研究するとともに、中国の対台湾工作を危惧する日々であった。しかし、台湾海峡を挟んだ中国と台湾の対峙は長期化、固定化するとともに、国際情勢の変化の中で、両者の関係は敵対一辺倒から交流、共存へとシフトすることになる。一九八八年の李登輝総統の誕生が一つの契機となり、台湾内部の民主化が進められるようになるとともに対中、対日政策の転換が図られる。このタイミングで、曽永賢に李登輝総統からの誘いがあり、研究者、大学人から政権中枢にかかわる総統府内部の人となった。

総統府では、国家統一委員会の設立からその研究活動に携わり、さらに対日関係の発展のために対日工作小組を成立させ、その中心として活躍した。この間、日華議員懇談会、日華大陸問題研究会議、アジアオープンフォーラム、台日論壇その他多くの団体、会議体との関係をもった。その活躍は、二〇〇〇年に国民党の李登輝政権から民進党の陳水扁政権へと政権が交代となっても継続した。総統が替わっても、曽永賢は新政権から求められて総統府で常勤の国策顧問として残留し、さらには資政となった。

第一節　少年時代

一、生い立ち

一九二四年、私、曽永賢は、台湾西部の苗栗県銅鑼という、風光明媚で純朴な地方に生まれた。出生当時は、台湾は日本統治下にあり、小学校から大学まですべて日本教育を受けたので、その成長過程と人格形成において、日本が大きな影響を与えたことは間違いない。

また、私は客家人であるが、小さいころは、家に祖母、両親と五人の兄弟、そして二人の姉妹の合計十人という、大家族であった。上に三人の兄、二人の姉がいて、本人は六番目だが、さらに下に弟が一人いる。

父は、もともと銅鑼の人間ではなく、公館に住む小地主であったが、大洪水で半分以上の土地が流され、わずかに三、四ヘクタールほどの土地しか残らなかったため、銅鑼に移って、母方の祖母の家に住むようになった。そちらは陳という姓で、大きな家の中に、陳家と曽家が同居したのである。

父の曽文龍は、当時としては珍しく、学堂で何年間か漢文を学び、文字の読み書きができた。このため、近所の人々は何かあると父に代書を頼みに来た。単に代書をしただけではなく、各種の紛争の調停や斡旋をしていたという。その父は謹厳な人柄で、にこりともせず、子供と遊ぶこともなく、子供たちを厳格に育てた。

このため、当時はどこの家でも銅銭の裏表を賭ける遊びなどをしていたが、私の家では賭博は絶対禁止であった。また、子供たちは朝早く起き、夜遅くまで勉強することを父親から求められた。二人の姉とともに、子どもの頃の私は、大きな卓を囲んで勉強し、父が傍らにあって監視して、もし誰かが居眠りをすると竹の棒で軽く叩かれた。

一方、母は劉盡妹といい、やはり客家人で、苗栗県四湖（現在の西湖郷）の人であった。劉家は、五、六人の医者を出すなど人材を輩出している。

長兄の曽永清は、私より十四、五歳年長だが、台北第二師範学校（現、台北教育大学）で学び、卒業後には小学校の教員となった。後には校長となり、早期に退職して不動産業を営んで成功した。次兄は苗栗第一公学校（中学）の高等科を卒業してから日本に移り、早稲田大学に学んで、一九五〇年には中国に移り住んで、病気で亡くなるまで中国に居住した。三番目の兄は商業学校卒業後、苗栗水利会に就職し、在郷公所（町役場）の職員を定年退職まで務めていた。弟は、貿易に従事した。

二、少年期の生活

家の近くに土地公を祀る道教の廟があったが、私は、小学校三年生の始めから、毎日、土地公廟に線香を上げ、お茶を供えることを務めとした。朝晩二回、土地公廟の世話をしに行ったが、土曜日には、廟の傍らの一本の大きなクスノキの下で本を読んだ。その木の下は涼しかったし、その辺りの掃除も私がしていたからである。それで近所の人たちは、その廟を「賢ちゃんの土地公廟（阿賢仔的土地公廟）」と呼んでいた。

しかし、この土地公廟は、「皇民化運動」のときに破壊されてしまった。当時、銅鑼庄では「皇民化運動」が非常に積極的に推進され、頼という助役（副庄長）が、土地公廟を壊させたばかりではなく、庶民が廟の祭りをすることを禁止した。さらに、すべての家で天照大神の神位を安置して、香を焚いて拝礼するよう指示した。

終戦後には廟が再建され、以前より立派な堂となったが、戦後に私が台湾に戻ったすぐ翌日お参りしたとき、これはもう私の土地公廟ではないと感じた。

なお、土地公廟にお茶を供えて戻ると、父が起きていて、ベッドで一緒にお茶をのむので、私は、小さいときから濃いお茶を飲むことが習慣になった。また、家にいるときは、湯を沸かして客に茶をもてなすことは、私の役目だった。台湾には、客家には、文字の書かれた紙は捨てずに焼かなければいけないという風習があり、少年の日の私には、毎月土地公廟近くの用水路の石碑の前で、この「焼紙」をする役割も与えられていた。

小学校三年からは、家から一キロほどのところにある雑貨店での買い物も、私の役割となった。その雑貨店では、「通帳」と呼ばれる「帳簿」に、お店で重さや数量と金額を書き入れるだけで商品を持って帰り、その年の大晦日前に清算すればよいことになっていた。

夏休みには、二期作の二期目の稲刈りのあとで、どの家でも脱穀したコメを干す。しかし夕立が来ると、急いで籾を片付けなければならず、号令一下、皆大急ぎでとりかかったものだ。そして自分の家の分が終わると別の家を手伝った。この情景は私の子どもの頃の記憶として、特に脳裏に刻まれている。

十歳を過ぎた一九三五年四月二十一日早朝、台湾中部に地震が発生した。その時の情景は今になっても忘れることができない。苗栗の銅鑼地区は最も被害が大きく、三百人が亡くなった。幸いにその日、郷里では媽祖像が北港から台湾各地を巡ってやってくる日で、媽祖像をお参りするため、どの家もいつもより早く起きていたので死傷者が多くならずに済んだ。しかし、私の家は、周囲の家とともに倒壊した。

当時、弟は二、三歳で、弟を抱いていた姉は、倒れた木材で足を怪我した。そのときちょうど東京から戻っていた二番目の兄が、その姉を日本赤十字社が苗栗に派遣した医療隊に連れて行き、治療を受けさせた。幸い、私の親戚や友人には、この地震で亡くなった人はいなかった。しかし、この地震は本当に恐ろしかったので、私はそれ以来、地震のたびに被害を覚悟するようになった。

三、富士公学校

一九三一年、六歳の時に、私は富士公学校（現、銅鑼国民小学校）に入学し、一九三七年に卒業した。富士公学校は、元々一八九九年創立の「銅鑼湾公学校」だが、銅鑼と三義の間にある双峰山が「銅鑼富士」とも呼ばれていたところから、後に校名が富士公学校となっていた。

富士公学校は校地が広大で、学校付属の養鶏場、養豚場、果樹園、ミカン畑、水田、乾田などがあった。生徒たちは、校地にさまざまな野菜を植えてみんなで育てた。ニンジン、ジャガイモ、トマト、ゴボウなど、野菜作りは学校の課業の一つであり、そのために自家製の有機堆肥も作っていた。学校にはたくさんの種類の花や樹木があり、各教室の前には花壇があって、各学級の児童が競ってきれいな花を咲かせていた。この経験から、私は大人になってからも、どこに住んでも、何か草木を手に入れて育てることが習慣となった。その後、官舎に住んだときには、草花だけではなく、野菜を栽培し、鶏まで飼っていたことがある。

この学校での農作物栽培は、「頭脳と身体をともに使う教育」であったが、大人になってから非常に役に立ち、後に日本へ行って自炊しつつ学生生活をする訓練にもなった。

また、富士公学校では、四年生になると少年団に入り、毎週土曜の午後には少年団の訓練に参加して、キャンプを通じて野外調理を経験し、また実用的なロープの結び方を学んだ。また、毎年一度、新竹州と苗栗郡に所属の少年団の大会が開かれ、四、五日野営して、野外炊爨の技能を競ったり、キャンプファイヤーや短い演劇を上演したりした。

六年生のとき、日本人教師の高野速水先生が台北第一師範学校（今日の台北市立教育大学の前身）を卒業してすぐに、富士公学校に赴任してこられた。先生の父親は台湾神社の神官であったらしい。高野先生は、上品で礼儀正しく、学生たちのことが好きで、学生も先生には大変良い印象を持っていた。私は六年生だったので、五、六人の同級生とともに高野先生が宿舎に呼んでくれて、放課後家に帰って夕食を終えた我々に補習をしてくれた。私の家は、学校から遠かったので、夜道は危険だということで先生の宿舎に泊めてくれて、朝になってから家に帰るという生活が半年ばかり続いた。

またあるとき、高野先生が苗栗へ出向いて神社に参拝する機会に、私を連れて行き、その賑わいを見せてくれたことは、印象深い思い出である。高野先生は、たいへんよい先生であったが、残念ながら卒業後は連絡が途絶えてしまった。

四、苗栗第一公学校高等科

公学校卒業のとき、私は第一学年から第六学年まで学年の首席で、成績は全て「甲」だけという記録を創った。卒業したとき、新竹州知事から賞状を授けられ、副賞として漢和辞典を賞品として贈られたが、その賞状は今でも保管している。

台中に親戚がいたため、台中一中に進学を目指して入学試験を受験したが、不合格だった。先生は残念がって、新竹中学を受験すれば合格するだろうと言われたが、苗栗第一公学校（現、建功国民小学校）の高等科に進むことにした。当時、多くの同級生がこの高等科へ進学したから、みんな一緒に汽車通学をするようになり、二年間ここに通った。

高等科の時代には、私は九人制のバレーボールや弓術などのスポーツを学んだが、大学時代まで、私はバレーボールをしていた。

第二節　日本留學

一、日本での銅鑼の青年たち

二番目の兄、曽永安が日本で学んでいたため、苗栗第一公学校高等科を一九三九年に卒業すると、私は、日本へ行くことにした。次兄は、一九三〇年ころに苗栗第一公学校高等科を卒業して間もなく日本へ行った。その頃、曽家はそれほど裕福ではなかったが、親戚が東京で新聞配達店を経営していたので、次兄は新聞配達をしながら日本で勉強していた。中野中学の三年に編入して、卒業してから早稲田大学の第二高等学院に入り、その二年後に早稲田大学の政治経済学部に進んだ。私が高等科を卒業したとき、次兄は大学三年に在学中であった。

当時、長兄はすでに小学校教員になっていたので、東京で暮らす兄弟二人のために毎月二十円の仕送りを頼んだが、当時はこれで生活するのに十分だった。

こうして、一四歳で高等科を卒業した私は、一人で遠い海を渡って、三泊四日をかけて神戸に着いた。神戸では、次兄が迎えてくれた。

日本では、次兄の周囲に銅鑼の友人たち四、五人がいた。そのうち二人は、もともと台湾で小学校教員をしていた人で、他の一人は、町役場に勤めたことがあった。彼らは一九三〇年代の始めに日本へやってきたのだが、日本の台湾統治に強く反対しており、強烈な民族意識を持っていた。我々は代々木上原近くに二軒の家を借りていて、七、八人で共同生活をしていた。彼らは、日本で理工系の勉強をしたら、将来の中国建設に貢献できると考えていた。

二、読書会

二軒の家はおよそ四キロ離れており、次兄が一方の責任者、もう一つは彭徳が責任者だった。彭徳は、本名は彭瑞恩で、銅鑼の鶏隆の人だった。彼らは読書会を組織していて、時間があると、三民主義や、実業計画などを研究し論争した。当時の私は一五、六歳で、初めて三民主義についての周仏海の著作「三民主義の理論体系」（日本語版、犬養健編訳『三民主義解説』岩波書店）に触れた。私に大きな影響を与えたのは資本の蓄積、平均地権なども含む民生主義の部分であったが、実はこれは社会主義である。後に私は、三民主義は、社会主義の一つの流派、一種の温和な社会主義だという角度から検討すれば、現代人や外国人もある程度受け入られるはずだと主張するようになった。

これら二軒の人々は、毎年二回、双十節と農暦の大晦日に集会を開いた。彼らは酒を飲むと、原住民の「出草」（他部族への首刈り）の歌を合唱していた。一九四一年十二月八日に太平洋戦争が勃発してから、しだいに戦況が苛烈となると、同居人のほとんどは台湾に帰ってしまった。彼らとの生活は二年ほどだった。

三、千葉県明倫中学

日本に行った私は、最初の一年半は予備校（一九三九年〜一九四一年）で主として英語と数学を学んだ。英語は神田（東京都千代田区）の正則英語学校で勉強し、数学は神田の研数学館で勉強した。予備校の授業がない時間は、近くの図書館で勉強していた。

その後、明倫中学の四年に編入した。明倫中学は、千葉県印旛郡白井町にある台湾人の呉場が開いた学校だった。呉場は、大きな廃寺を購入して学校とし、教室、運動場などの設備を整えた。呉場校長は、ほとんど学校に通ったことがないため、校務は横山教務主任に任されていた。明倫中学は、学業においては特に優れていなかったが、スポーツ、特にサッカーは優れており、千葉県でいつも優勝していた。私も、課外活動でサッカーをしていた。

明倫中学では、一部の台湾人と朝鮮人がいつも「どちらが国を愛しているか？」について争いがあった。朝鮮人学生は、台湾は日本統治下でおとなしく従っているが、朝鮮では反日活動が絶え間ないから、台湾人は気骨がないと言っていた。これには私たちは非常に不服であったが、言い返しはしなかった。明倫中学は、戦後間もなく学生集団授業ボイコット事件が発生して、その数ヶ月後に千葉県庁から廃校処分が下された。

私は、明倫中学で二年間（一九四一年〜一九四三年）勉強し、五年修了卒業で早稲田大学に入学した。

四、早稲田大学専門部政治経済科

明倫中学の卒業を前に、進学問題をめぐって、私と家族は意見が合わなかった。当時、日本に留学している台湾の学生は、医学や法律を学んで、医者や弁護士になる者が多かった。一方、日本統治下においては、植民地の住民が政治に詳しくなることは望まれず、政治系を学ぶ学生は、「特高警察」（特別高等警察）の監視の対象とされた。

それで私の家族は、長兄を含めて、一般の台湾人と同じに、私が中学を卒業すると医学専門学校で学ぶことを希望していた。しかし、本人の興味はそこになかったし、次兄の影響もあり、文科の入試を受けることにした。それで私は、水戸高等学校と早稲田大学専門部の入試を受けに行った。その結果、私は、水戸高等学校には合格せず、早稲田大学に合格したため、一九四三年に入学して、専門部の政治経済科で勉強した。

しかし、家族の意見に逆らって医学専門学校に進学しなかったので、その後は毎月二十円の仕送りを送ってくれなくなった。このため、私もアルバイトをしなければならなくなった。次兄には、早稲田大学の図書館で長らくアルバイトをしていた友人があり、その人の紹介で、私はこの図書館で、夕方四時から夜十時までアルバイトをすることになった。

その頃、長兄はすでに師範学校を卒業して教師に就職して何年か経っていたが、一ヶ月の給与は四十八円を超えていなかったのに、私の図書館でのアルバイトの給与は月額六十円であった。日本の給与は、台湾より大分良かったのである。

図書館でアルバイトをしていたとき、数多くの発禁処分の本に触れることができた。図書館内には、禁書を管理する部署があって、助教授以上が閲覧できることになっていたが、私は、毎週一回その禁書の書庫を掃除する機会に、多くのマルクス（Karl H. Marx）やレーニン（Vladimir Ilyich Ulyanov. Lenin）などの本を読んだ。私は、どちらかというとマルクスの本はあまり好きではなく、むしろ戦略や策略を論じて、正義と革命行動を密接に結びつけたレーニンの本を多く読んだ。

早稲田大学専門部で学んで一年後、第二年の第一学期（一九四四年四月）、編入学試験に合格して、早稲田大学政治経済学部政治系二年に編入した。

五、横浜三菱造船所での「勤労奉仕」

一九四四年の夏、日本の大学は休校となり、全ての学生が軍需工場で「勤労奉仕」をすることになった。私の通っていた早稲田大学政治経済学部の学生は、みな横浜三菱造船所に派遣された。当時、造船所には岩手県の一関中学と黒沢尻高等職業学校の生徒が五百～六百人来ていて、その他の学校の生徒と合わせると千人余りが働いていた。造船所では、これらの学生のために学生課が設けられており、労務課の二人の職員とは別に、一ノ関中学と黒沢尻高等職業学校のそれぞれ一人の先生の他、早稲田大学の学生から私を含む三人が選ばれて合計七人で事務を処理した。

造船所には、東京大学出身の一人の憲兵中尉がいて、数名の少尉、下士官を指揮して保安業務を担当していた。彼の主要な任務は、反戦的な言動の調査および取締であり、サボタージュを防止することだった。職務上の必要から、この中尉は、学生課に配属された三人の早稲田大学の学生と毎週二、三回は話をして学生たちの仕事の状況と生活の状態について理解するようにしていた。二、三ヶ月経つと、相互に信頼関係ができて、話す機会も多くなり、その内容も職務上の連絡だけではなくなり、時局に対する見方なども含まれるようになった。その中で知ったことは、彼は毎晩「アメリカの声（Voice of America）」のラジオ放送を聴いており、その放送を通じて戦局が日本には非常に悪い状況にあることを知っていた。彼は、日本は必ず敗戦すると認識しており、それは間もなくその通りになった。

中尉の苦悩は、この戦争が、戦うべきではない戦争であり、絶対に勝てない戦争であるとはっきりと知っていながら、戦争に反対する知識人を取り締まらなければならないところにあった。このような矛盾した心を抱えながら、眠れない夜を過ごしていたのだが、戦後になって、彼が日本の降伏後に自殺したことを伝え聞いた。

一九四五年になると、アメリカ軍の日本に対する空襲は日を追って頻繁になり、三菱造船所も何度も爆撃を受けて、軍艦の補修はできなくなってきた。このため、まず岩手県の中学生等五百人余りを故郷に返すことになった。そして彼らを送り返すために、私ともう一人の学生課の早稲田大学生が盛岡まで同行した。

一ノ関中学と黒沢尻高等職業学校の学生をそれぞれの学校に送り届けると、一ノ関中学のある教師が、二人を何日か盛岡で宿泊させてくれた。そしてある先生は二人を後藤新平の生家と墓地に案内し、さらには後藤新平の子孫の住まいを教えてくれた。しかもその方が早稲田大学卒業であり、知り合いだということで紹介してもらい、後藤新平の子孫に会いに行くことになった。聞くところによると、後藤は元々盛岡でかなりの規模の工場を経営していたが、軍に接収されたので、家で何も仕事をせず、本ばかり読んでいるということだった。

後藤への訪問は、白昼は避け、夜に行われることになった。後藤は「特高」から要注意の反戦分子と目されていたからである。二人が訪れると、大邸宅の客間にはたくさんの菓子とお茶が用意されていて、後藤一人が待っていた。三人は主に時局について語り合ったが、後藤は率直に反戦の立場を説明して、日本は間もなく敗戦するだろうが、敗戦後の状況はわからないと言っていた。

六、前橋陸軍予備士官学校

一九四五年になると、日本政府は植民地台湾でも徴兵を行うようになり、兵員補充のために、一九二四年生まれの男子の徴兵を始めた。それで、私も第一期徴兵の対象となった。こうして一九四五年三月に、群馬県前橋の陸軍予備士官学校に配属された。しかし、八月に日本は降伏して終戦となったので、軍務についていたのは五ヶ月余りだけだった。

士官学校で半年ばかり過ごして、学校を出たときには下士官である伍長の階級となっていた。それで、帰郷にあたって少なからぬ物品を拝領した。当時の日本では、民間の物資は欠乏していたが、軍隊はたくさんの物資を保有していたのである。私は、新品の高級な毛布を二枚のほか、シャツ、ズボン下、軍服、軍靴などの物品を支給された。さらに学校は学生一人に二千円を支給したが、これは当時としてはなかなかの金額である。それが伍長としての退職金だった。

七、台湾の改姓名運動

台湾で推進された「皇民化運動」で、一番不満だったのが「改姓名運動」だった。日本の統治者は、食料や魚、肉などの配給にあたって、改姓名した人を優遇し、改姓名しない人より多く配給するなど、利益で誘導しようとした。一方、強硬なやり方としては、改姓名をしない人に対していろいろと難題をふっかけ、もし公務員であれば人事異動の圧力をかけたりした。

当時、長兄は公学校の教員だったので、率先して改姓名に応じるべき立場であったし、台湾で進められた改姓名運動の詳細の状況、改姓名した場合としない場合の利害得失について詳しかったので、次兄と私にあてて長文の手紙を書いて寄こした。しかし、改姓名については私たちの意見を聞いてから決めると認めていた。そこで次兄は、長兄に手紙を書いて、長兄が本当に我々の意見を尊重するのであれば、我が家は改姓名しないことにすべきだと訴えた。

教員である長兄が改姓名しないということは、当時の見方では国家に逆らうことで、彼のその後の昇進に影響を与えることは間違いなかった。それにもかかわらず、銅鑼庄の公務員あるいは地方の有力者の中で、我が家一軒だけが改姓名に応じなかった。私は、長兄の決定にとても感謝している。

八、日本での疎開生活

一九四三年後半から、米軍は日本に対する空襲を始め、しだいにそれが頻繁になり、私の住まいも二度爆撃を受けたので、やむなく東京を離れて疎開することにした。

さて、早稲田大学で次兄のドイツ語の先生であった堀井は、左翼・反戦活動家であり、太平洋戦争勃発後、一九四二年に早稲田大学を辞職して、千葉県の白井村（現　白井市）に移った。そこは私が勉強していた明倫中学の近くにある。堀井は、そのあたりに広い土地を買って、工場を建ててオートミールの会社を経営していた。この会社で人手が要るので、堀井は次兄を誘って、会社の内外の事務処理を担当させた。この縁で、間もなく私たち兄弟は白井村に疎開することになった。食品工場は郊外にあるので、空襲の恐れはなく、堀井が教えた学生や関係の深い人々、友人が次々に疎開してきて、五世帯一緒で暮らしたが、その中には読売新聞社の記者の国松藤一もいた。

毎週の日曜日には、私たち兄弟等は堀井家の客間に集まって、活発に議論を交わした。内外の政治情勢について話をしたほか、マルクス主義などの左翼理論についても検討した。私は毎回すべて参加したが、その議論はかなりレベルが高かったので、ただ傍聴するだけだった。

工場で生産するオートミールは、海軍関係に納められるもので、海軍の購入担当からは工場に対して非常に大量の製品を急いで納入するよう要求があり、見返りに当時としては珍しい、チョコレートやチーズ、洋酒などの食料品を海軍が贈ってくれた。これらの食品は、当時は近郷の商店で手に入らないものだったが、堀井はみんなに分けてくれた。このほか、工場の近くには三頭の乳牛を飼育している家があり、毎朝、牛乳を買ってオートミールにかけて朝食にしていた。この時以来、私はオートミールと縁が切れなくなり、今でも朝食にはオートミールを食べている。

第三節　戦後初期の日本における活動

一、次兄と左派台湾青年

次兄は一九四一年に早稲田大学政治経済学部を卒業したが、日本に来てから十年ほどの期間、仕事をしながら学業を続け、銅鑼出身の左翼青年である、李鐵夫（本名　李吟梅）、邱紹堂（本名　邱紹堂）などだけではなく、台湾でかつて農民運動に従事していた楊春松などとも密接なつながりを持っていた。次兄は、大学卒業前の一年間、楊春松と「欧文社」（後に改名して「旺文社」）が編纂した『華日大辞典』の編纂を始めたが、この本は一九五〇年に出版された。

これら左派の台湾青年たちは、日本の左派の人々と協力して、戦後には相当の活躍をしていたが、次のいくつかの件には積極的に参加して実行していた。

第一に、台湾少年工の台湾への帰郷についてである。戦時には、台湾から数万人の少年工が徴用されており、この外に華僑からも徴集されていた。おしなべて、彼らの生活はみな苦しかった。そこで左派の人々は、ＧＨＱに連絡して、配給の増加を要求し、いわゆる「特配」を得ることに成功した。その後今度は、少年工の速やかな台湾への帰国を求めた。台湾籍の人のほか、日本に徴用された中国人青年も多かったが、左派の人々は、台湾人か中国人かといって分けたりせず、両者の生活改善を求めた。

　第二に、一九四五年から一九四六年には、台湾籍と中国籍の古くからの華僑が連合して、東京で「華僑総会」を成立させ、華僑とGHQおよび日本の外務省との交渉窓口とした。

　第三に、次兄と楊春松、李鐵夫が主導して、一九四六年に「亜細亜通訊社」を設立し、次兄が初代の社長となった。この会社の主要な任務は、「新華社」の放送内容を文字に起こして、これを印刷して頒布し、中国の内戦状態を広く伝えることであった。

　一九四六年、次兄は日本共産党に入党した。一九五〇年、日本共産党は、次兄の付き添いで共産党中央のある重要人物を中国に派遣して、中国共産党との連携を図った。当時、日本人は公に中国に行けないため、密航の形で北京に潜入した。彼らは、中央人民政府委員会副主席で中国共産党中央書記処書記であった劉少奇と会談し、日本共産党中央の一連の人々をいかにして大陸に送り出すかなど話し合った。

　戦後のGHQは、当初は獄中十数年の日本共産党の幹部たちを「解放」したが、朝鮮戦争勃発の二年前には、その活動を弾圧するようになったため、彼らは大陸への避難を望んでいた。この過程に、次兄は深く関わっており、事実上、徳田球一などの日本共産党の首脳部は、次兄のアレンジの下で北京へと密航した。そのときに用いた秘密のルートを彼らは「人民艦隊」と呼んでいたのだが、実はこれは密輸ルートでもあった。

次兄は、前衛として、戦後にかなり活躍していたので、一九四九年に中国共産党政権が成立した時、第一回政治協商会議に参加を要請された。しかし、その書面を受け取った時にはすでに出席が間に合わない状況だったので、その後の第二回から第五回まで、次兄は正式に政治協商会議の全国委員会委員であった。

二、日本共産党の公開活動

一九四五年に日本が降伏した後、獄中にあった日本共産党幹部が陸続と釈放されたが、例えば徳田球一は十八年の獄中生活の後に十月十日に釈放された。彼は出獄後、現実離れしていて、当時の状況を理解できず、このためGHQを解放軍と称して、GHQに向かって「解放軍万歳」と高唱する始末だった。

一方、中国にいた野坂参三は、一九四五年九月初めに数十名の日本工農学校の学生たちとともに延安を離れて、朝鮮半島を経由して密航のかたちで一九四六年一月に日本に帰った。日本共産党との関係が非常に密接な一部の新聞記者は、博多において野坂と接触し、それから一緒に東京へ汽車で向かった。その道すがら、野坂は多くの人々の訪問を受けたが、そのうちの一人が読売新聞記者の国松藤一であって、彼は実は共産党員であった。

その他にも非常に多彩な人々の訪問があり、しばらくは野坂が新聞のニュースを飾った。野坂は、最初の一言として「日本共産党は必ず日本人民に愛される党になる」と語った。そのためには、大衆路線を進まなければならず、人民に奉仕し、人民の立場に立って、人民の意見を聞いて、人民の苦痛を知り、人民の困難を解決して、人民を団結させる、ということであった。彼の語ったことは、完全に毛沢東が延安時代に主張していた大衆路線そのものである。

野坂参三の言動は、徳田球一など国内で獄中に長くあった人々とはかなり異なるものだった。徳田等のグループは、現実の情勢とかけ離れていただけではなく、戦略や実行方針も欠落しており、教条主義的で公式主義者であった。それで徳田等の講演は聴衆に話しかけるのではなく、「打倒資本主義」とか「天皇制打破」などとわめいて、すぐに革命に取り掛かる必要があるという内容だった。

他方、野坂などは、礼儀正しく、学者タイプであり、講演のときには非常に穏やかな口ぶりであった。このため双方の意見は合わず、当時の徳田と野坂の間には闘争があったが、野坂は中国共産党を後ろ盾として速やかに優位な立場を占めた。しかし、徳田が中国に行って間もなく世を去ったため、この闘争は長く続かなかった。この後、野坂は日本共産党の主席（中央委員会書記長）となった（一九五五年～一九五八年）。

次兄の考え方はどちらかというと野坂に近かったが、中国共産党の命によって徳田を北京に伴い、その後もその面倒をみたので、徳田グループの人々との関係は密接であった。後に、私は、日本共産党が密航、密輸に用いていた「人民艦隊」に関して、次兄の行動に関する記録の文献があるのではないかと、多くの日本の友人に依頼して探してもらったが、収穫はなかった。

以上のような、次兄の戦後日本共産党との関係については、私は全く関与していない。

三、日本共産党全国協議会と中国潜入の計画

一九四五年十二月、日本共産党は全国協議会を初めて公然と開催した。当時、朝鮮共産党の副主席（すなわち「朝鮮労働党」の副委員長のこと、委員長は金日成）朴憲永（後に党内闘争に敗れて粛清された）が随員を一名連れて東京に密航してきて会議に参加したが、この時、次兄も参加していた。

会議終了前のある日、次兄が夜遅くに私に会いに来て、突然、中国大陸に行かないか、と質問した。驚いてすぐには答えられないでいると、次兄は、今回の協議会で、朝鮮共産党は二人を密航で参加させたが、二人がつき添って彼らを中国大陸まで船で送り、それから東北地方（満洲）に届けることになっていると説明した。そして、この付き添いとして中国に行く気はないかと私に尋ねたのである。もう一人は、楊春松という台湾農民組合の幹部の予定であった。それで私は、行きたいと答えると、次兄は、「調整してみる」と言った。

しかしながら、会議終了の翌日、次兄が家に戻ってきて、事情が変わり、日本共産党は、二人のうち一人は中国共産党との連携のため日本人を派遣することになったので、北朝鮮へは楊春松一人が行くことになったと告げた。こうして私は、中国に行かずに終わったが、もし行っていれば、やがて粛清されていたかもしれない。

楊春松の子息の楊國光が書いた『ある台湾人の軌跡―楊春松とその時代』によると、当時、楊春松は簡吉などとともに農民運動を行っており、台湾で一度収監され、その後、戦時中に日本に来て、日本共産党と連携するようになっていた。楊春松は朝鮮共産党とも連絡をとって、東北地方で中国共産

党中央の東北局書記彭真と会談し、中国共産党と日本の左派の人々との繋ぎ役となっていたのである。楊春松は、中国大陸に行った後でまた日本に戻っている。

さて、その後の次兄は、一九五〇年に中国に渡ってから曽子平と改名した。

四、共産主義青年団に加入

一九四六年初め、読売新聞記者の国松藤一が、私を日本共産党の共産主義青年団に紹介した。私は、次兄からだけではなく、国松からも左派思想の影響を受けていた。こうして私は、戦後になってから、日本共産党に参加した。

実は、国松藤一は、非常に速い段階で共産党に加入していた。一九四五年に、東京の読売新聞社で、労働者による第一次の大規模なストライキを指導していたのは国松である。

私が、共産主義青年団に加入してから最初の活動は、早稲田大学の学内に社会科学研究会を成立させたことだった。当時、難しかったのは、社会科学研究会の顧問を引き受ける教授を見つけることだったが、商学部の学生同志である北澤の父親が商学部長（北澤新次郎、一八八七年―一九八〇年）だったとわかった。経済学者だからマルクス主義についてもかなりよく知っていた。そこで私は、北澤の息子と一緒に「社会科学研究会」の指導教授を担当してくれるようお願いした。

成立当初から、社会科学研究会には二十数名が参加して、日本共産党からは非常に重視され、すぐに立教大学の若い助教授が来て、読書会を主催した。彼はマルクス主義及びレーニン主義についてかなり研究をしていたが、最初に読んだのはレーニンの「帝国主義論」と「共産主義における左翼小児病について」の二冊であった。読書会は半年継続したが、私が台湾に戻ってからは継続できなかった。

会員増加のために台湾の同級生たちに呼びかけようにも、政治学系の台湾人は、もともと少なかったし、その他の学部の台湾人も、戦争が起きて戦時中に台湾に帰っており、私に協力する台湾人は早稲田にはいなかった。それに、同郷会のような活動に、私は参加していなかった。左派の同郷会といえば、かつて次兄が組織していたが、彼は弟には詳しい状況を説明していなかったので、私が台湾に帰ってからも、知り合いの同窓生がほとんどいなかった。

一九四六年春、中国大陸に行けなくなったので、私は「革命を実践する」ために台湾に帰ることを決めた。台湾に戻るに際して、日本共産党あるいは中国共産党からの指示や任務はなかった。

第四節　台湾革命のための活動

一、民衆運動

一九四六年五月、私は船で台湾に帰った。手元には前橋予備士官学校が発給した日本円二千円の退職金があったのだが、千円は日本で使ってしまって、台湾には残りの千円を持ち帰った。

「革命を実践する」には、まず宣伝活動と民衆運動に着手しなければならない。そして、民衆運動には、若者や知識人との接触が大事であり、接触した後はその教育、そして組織化、さらに闘争への動員、というのが大きな流れだった。

私は、まず銅鑼地区の国民学校の若い教師たち、中学生および中学を卒業しても仕事の無い若者と接触を試みたが、組織には正式な名称や形式はなかった。主としてバレーボール、テニス、あるいは夏には水泳などを通じて仲間を作り、座談会の方式で人生問題や時事問題などを討論するようにした。座談会や読書会などに使う会場が必要なので、私は銅鑼の郷長に掛け合って、住む人のいない独身者用宿舎を一部屋、「国語講習会」に使うということでお願いして許可された。

また私は、『先鋒』と題した刊行物を、紙一枚、四ページで出版し、自分でガリ版を切って週に一回、二百部前後を印刷することにした。しかしこれは、二回しか出版できなかった。この刊行物は、今では残っていないし、調査局にも所蔵されていない。『先鋒』は日本語で主に独裁反対や、民主化要求の文章を私が書いたものだが、それを先述の学校の先生、学生たちと失業中の若者相手に配布した。

一九四九年には私は職業革命家になるため「出奔」して、苗栗で別の刊行物を出したが、これも一枚の紙で見開き四ページのガリ版刷りであった。内容は、新華社の放送を聴いて記録したもので、中国大陸の情勢などを半月に一度出した。この刊行物には名前がなかったが、およそ半年くらい続いた。しかし、配布対象は狭く、関係のある人々だけだった。

二、謝雪紅との出会い

私は、偶然の状況で謝雪紅と会うことになった。（註：謝雪紅は、台湾共産党、中国共産党に参加した女性政治家。二二八事件のあと、中国へ逃れた。その後、台湾民主自治同盟を結成して初代主席に就任、一九五四年には中華人民共和国の全国人民代表大会の台湾省代表となった。一九〇一年～一九七〇年）

「国語講習会」を開いて一、二ヶ月したとき、出席者の一人の台中商業職業学校（省立台中商業専科学校、後の国立台中技術学院の前身）の学生が、ガリ版刷りの毛沢東の『新民主主義論』の日本語版を読んでいた。それで私が、「どうしてこの本に興味をもったのか」と尋ねると、彼は迷わずに「学校の先生が読書会を開いていて、そこでこの本を読んでいる」と答えた。そこでその先生に「日本から帰ってきたある人がそのような読書会に非常に興味をもっていて、台中に会いに行きたいと言っている」と伝えてもらった。その学生は、日曜日に私を台中のその先生、何集淮の家の読書会に連れて行ってくれた。

二人はしばらくいろいろと話し合ったが、私は、何集淮に誘われて「おばさん」の家に食事をしに行くことになった。二人がついた時には、「おばさん」の家で漢方医の李喬松とその子の李韶東など何人かが話をしていた。紹介された後で、私は「おばさん」が謝雪紅であることを知った。

みんな意気投合して、たいへん楽しく、私は標準中国語も閩南語も話せなかったので、日本語で会話していた。主として、謝雪紅が中国大陸の政治情勢を語り、私たちは人民に奉仕し、民百姓の苦労を知らなければならないと強調した。このほか、謝雪紅は彼女の「人民協会」について、それがどのような組織で、いかに発展してきたかを熱く語った。

それから私は、毎週日曜日に銅鑼から台中へ行って、何集淮の家へ行き、台中商業職業学校や台中師範学校（省立台中師範学院、後の国立台中教育大学）の教師と同席して、意見交換をした。台中商業職業学校の教師であった蔡伯勲や、復興小学校の教務主任なども参加していた。全部で五、六人がいつも集まっていたが、彼らはこれが共産主義の組織であるとは考えていなかった。しかし実はこれは謝雪紅の「人民協会」傘下の一つの組織であった。この集まりは二二八事件が発生するまで続いた。

三、二二八事件と「二七部隊」

台湾に帰ってから二二八事件が起こるまでのこの時期は、私は銅鑼や、苗栗地方一帯で一般大衆向けの運動に従事しており、民主主義や独裁反対などを宣伝していた。

一九四七年に二二八事件が発生したとき、私は台中にいた。三月初め、銅鑼に戻って民衆大会を開き、郷長にも参加を求めた。（註：一九四七年二月二十七日に台北市内で闇タバコを販売していた寡婦が、国民政府の専売局の職員に殴打され、売り物のタバコを奪われた。それを見ていた台湾人市民が寡婦を守ろうとして、大陸から来た専売局職員の銃で死去した。翌日、二十八日から、国民政府の差別的、独裁的支配に反発した台湾人が、専売局前に集まったところ、屋上から機銃掃射を受ける事態に至った。これを契機に、台湾全土で台湾人の民衆蜂起と、民主化要求が噴出したが、三月八日、蔣介石が大陸から派遣した増援軍が到着すると、台湾人のなかで指導的な人々を中心におよそ三万人が殺戮される悲劇となった。このとき、謝雪紅は二七部隊を結成して国民党支配に対抗しようとした）

二二八事件では、私は謝雪紅の「人民政府」に参加し、「人民作戦本部」（台中地区治安委員会作戦本部）と「二七部隊」に加入した。二七部隊は、私と何集淮、蔡伯勲が、台中師範学校の呂煥章などの教師

五、六人と小グループを作ったものだ。彼らは、ほとんどが台中商業職業学校と台中師範学校の先生で、それ以外は私だけだった。

私たちは、文宣活動として、日本語で書いた印刷物を、汽車の駅や学校で配布した。

三月十二日に、中華民国の国民政府軍が南下してくると聴いて、私たちは台中から山間部の埔里まで撤退する準備をし、李喬松などはトラックで逃走した。撤退する前に、私たちは台中干城営区軍の倉庫に行って、積めるだけ物を積んだのだが、そこには新品の軍の毛布、軍服、軍靴などがあった。しかし、武器はなかった。私たちは、二台のトラックを使ってこれらの物品を運んだ。

次の日、十三日に埔里に到着したが、撤退したのは主として台中商業職業学校、台中師範学校と台中一中（戦後は台湾省立第一中学と改名したが、今日の国立台中第一高級中学である）の学生で、全部で百四十か百五十人はいた。埔里の武徳殿にはすでに二百人近い人々が来ていて、その中には何人かの原住民男性も含まれていた。

その次の日、十四日には謝雪紅が埔里に到着して我々と会議を開いたが、謝雪紅は退路を作るために山間部へ進むべきだと述べたので、翌十五日には私たち七、八人が霧社へ行った。一群の学生を収容させるため、また、できればこれ以後、霧社を武装闘争の根拠地にするため、謝雪紅は霧社国民小学校の校長と霧社の郷長の支援を得たかったのだが、彼らは怖気づいてしまった。この後、我々は霧社を出て萬大に入り、この地の地勢を観察し、状況を聴いて歩いた。こうして、武装基地を作ろうとしたが、当時は現地の人々の支援を受けられず、我々のグループは壊滅させられてしまう。

四、謝雪紅の一足早い脱出と逃亡

三月十六日の烏牛欄の戦いの当日、衝突の前に、謝雪紅は我々数人に一枚の紙を示して、緊急の事情ができたので、先にここを出なければならないと言い、竹山に行ってしまった。

ところで、私は、共産主義思想から謝雪紅の組織に参加していたが、組織加入には宣誓式のようなものはなく、組織の名簿も無かった。私が台湾省工作委員会に参加したのは、これより後のことである。

謝雪紅は後に大陸に行って、地方主義者として、また台湾独立を目指したとして糾弾され、右翼機会主義などと批判され、粛清される。このとき、もう一つの罪名は、「二二八の脱走兵」というものであり、彼女が埔里に留まらず脱走したことを叱責するものである。

謝雪紅は台湾省工作委員会の指示で埔里を離脱したと考えている人がいるが、当時の謝雪紅は、台湾省工作委員会の人々とは連絡をとっていなかっただろう。

烏牛欄の戦いはちょっとした衝突に過ぎず、その晩には終息して、私たちは敗走した。私と何集淮、蔡伯勳の三人は蔡伯勳の神岡にある親戚の家に向かった。三人は、まず埔里から東勢へ至り、途中で農家に一泊させてもらって、着ていた軍服などをその農民に与えて、普段着に着替えた。東勢に着くと、河を渡れば神岡である。そこに七、八日ほど滞在して、行方をくらました。三人は、まず外部の状況を知ろうとし、一通り現状を検討した後、私が苗栗へ戻って状況を探ることになった。私は、親戚がいる通霄へ向かい、状況を把握したあとで銅鑼へ帰った。

銅鑼では、私の事情を知っている人はなかったので、病気の父親の面倒を看るために留まることにした。しかし父親は「清郷（農村部の粛清、一九四七年三月二十一日から五月十五日）」の前に他界した。

第五節　台湾共産党時代

一、中国共産党への入党

「清郷活動」の終了を待って、私は正式に「中国共産党台湾省工作委員会」に加入した。私は、台中において省工作委員会宣伝部部長の洪幼樵と知り合い、およそ六ヶ月してから、台中の復興小学校において正式に中国共産党への加入宣誓を行った。宣誓のときには、五星紅旗を用いず、洪幼樵の前でただ誓いの言葉を述べただけだ。こうして私は洪幼樵の直接指導下に入ったが、しばらくして桃園で活動することになったので、今度は張志忠の指導を受けることになった。

ここで台湾省工作委員会の成立過程について簡単に紹介する。第二次世界大戦が終結してから、一九四五年十月（一説には八月）に中国共産党中央が延安で幹部会議を開催し、蔡孝乾を台湾へ行かせて、「中国共産党台湾省工作委員会」を成立させることとし、その書記に任じた。蔡孝乾は延安を出発して、まず華東に至り、一九四六年二月から三月のころ、中国共産党中央華東局と接触した。

その後、将来の台湾省工作委員会の幹部を選抜するが、その際に最も重視したのは閩南語が話せるかどうか、台湾の事情をよく知っているかどうかであった。その結果、張志忠が選ばれて台湾に派遣され、後に台湾省工作委員会の武装部長となった。張志忠は嘉義出身の軍人で、後に大陸の中国共産党軍新四軍に参加した。また、汕頭人の洪幼樵は閩南語が話せたので宣伝部の部長を担当し、陳澤民が組織部部長となった。これらの人々は一九四六年三月から四月に別々に台湾へやってきて、一九四六年七月、正式に台湾省工作委員会が成立した。

省工作委員会成立の後、以下のいくつかの活動が発展していった。

第一に、謝雪紅の活動が土台となって、一群の新人を輩出した。これは、謝雪紅が戦後「人民協会」などの組織を成立させ(一九四五年十月)、宣伝活動として初歩的啓蒙運動を半ば公開の活動として進め、集めた人々を、省工作委員会が利用したものである。

第二は、農民組合など、日本統治時代の農民運動の基盤から、一群の新人が輩出した。農民運動の人々は、蔡孝乾が自ら接触して、簡吉などの人々を見い出した。

第三は、組織を離脱して台湾に来た共産党員である。一九四五年の終戦以後、華南地区の遊撃隊の共産党員は、一部が新四軍に編入され、これが北上して東北地方へ至るが、一部の家庭事情などから北上しなかった者、広東や福建地区にあって、閩南語や客家語を話す人々で、古くからの党員などが、台湾に来てから組織との関係を回復したものである。そのなかで比較的重要なのは、戦争中に広東で「東区服務隊」を組織した丘念台や、鍾浩東、黎明華、蕭道應、鍾蔚璋などの人々だった。鍾浩東は、後に基隆中学校長に任じられているが、当時の基隆中学校の教員には東区服務隊出身者が多く、彼らは基隆中学を根拠地として活動を発展させていった。黎明華、鍾蔚璋は、いずれも中壢の義民中学で教員をしていた。蕭道應は東区服務隊のなかで丘念台がもっとも信頼した台湾人で、丘念台が台湾に戻って中国国民党台湾党部主任委員になったとき同委員になっている。東区服務隊は丘念台が抗日戦争の時期に組織したものだが、遊撃隊のようなもので、数百人のメンバーがあり、規模はすこぶる大きかった。

省工作委員会成立の初期は、上述のいくつかの路線から発展していったが、実際の組織の発展は、二二八事件より後のことであり、事件発生当時の党員数はほぼ七十人前後だった。だから、国民党政府は、二二八事件は共産党の煽動による、あるいは共産党が組織したものだと説明したが、これは罪をなすりつけるためのものであって、実際には当時の共産党にはそれだけの力は無かった。

その後、二二八事件以後の台湾共産党の発展はかなり早く、一九四七年末には、党員はおよそ三百人余りとなっていた。

ところで、共産党の党籍は、居住地に基いて決定された。したがって、曽永賢は日本にいたので、日本共産党に加入した。一方、謝雪紅は、中国共産党の所属であり、後に彼女は台湾に戻って台湾共産党を組織したが、中国共産党の指導を受けている。当時の台湾共産党は、名義上は日本共産党の支部であったが、彼女は中国共産党からも指導を受けていたので、台湾共産党は二重に指導されていたことになる。また、台湾共産党は、日本共産党の支部であったが、中央委員会をもっており、独立した組織でもあった。

私は、桃園に親戚がいて、その人の妻の姉妹の夫である黄運金を通じて活動した。黄運金は今日の新竹県の参議会議長の職にあったが、参議会にちょうど欠員があったので、黄運金は私を議事組の主任に就けた。参議会は桃園に置かれていたため、私は桃園に転居したので、共産党との組織関係も、桃園の張志忠から指示を受けるようになった。

桃園における省工作委員会の党務は、北部から東部までが張志忠の管轄範囲であったが、中部は洪幼樵が担当していた。私は桃園では、党内の活動と組織関係は張志忠の指導下にあった。

二、台湾共産党の組織生活と武装基地

私が担当した組織は、竹南の二つの支部、つまり頭份と三湾(大河底)、この外に獅潭と、苗栗、銅鑼、三義にそれぞれ一つの支部があった。

当時の組織形態は、指導者がいくつかの支部を指導するが、一つの支部にはいくつかの小組が置かれていた。支部の指導者は、その上位の組織に対して、どこに小組があるか、そのメンバーは何人かという報告をするだけで、小組のメンバーの氏名は報告しなかった。

支部が会議を開くときには私が参加して指示を伝えるとともに、小組の活動状況を把握した。支部の会議には私は必ず参加したが、時には支部の責任者を集めての会議をもつこともあった。

支部は普通、一週間に一度は会議を開いており、会議で情報交換、意見交換をして、それから何か文書が来ていればその文書を読んで、文書について討論して、さらには活動報告と活動の検討を行い、最後に、それ以後の活動について計画をたてた。共産党員は常時このような支部会議や、党委員会を開いており、それを「組織生活」と称していた。

国民党政府は二二八事件の前には、台湾省工作委員会の存在を知らなかったのだが、いつ知ったかについて私ははっきり知らない。

一九四七年、大陸情勢の変化が迅速であり、台湾情勢も動かそうとして、中国共産党中央の華東局が一項目の指示を台湾省工作委員会に発出した。それは、一九四八年までに二千名の党員と五万人の武装した群衆を獲得して、随時、ゲリラ戦を行えというものであった。台湾省工作委員会は、一九四七年には党員数はおよそ三百名だったから、指示達成のために必死に活動することになった。この指示の下で、鹿窟、烏塗窟、白毛山などの武装基地ができたのである。

当時、私が知っていた武装基地は、この外に、三峡、旗山などがあった。その他の基地はあったとしても知らなかった。

さて、白毛山の武装基地は、台中一中、台中二中と台中師範学校の一部の学生が設立したものだった。学生たちは白毛山に到着してから陋屋を建てたので、近くの農民たちが何しに来たのかと質問すると、彼らは、開墾しに来たと答えた。しかし、彼らは農民には見えなかったし、毎日、夜になると本を読み、討論をしているので、付近の農民は何かあると見ていた。それから数ヶ月して、彼らはこのままでは生きていけないということで乗用車を襲撃した。この結果、武装基地を政府が派遣した軍隊が取り囲むことになって七，八人が逮捕された。そのうちの一人は銅鑼出身の学生だった。

しかし、そもそも武装基地を山の上に建設しても群衆はいないし、地理的条件もよくなかった。台湾の地理では、武装基地が長期的に存在することは不可能だった。さらに、華東局の指示によって、台湾省工作委員会は地下活動の原則に反する活動をすることになった。これを共産党式に論評すれば、「左翼盲動主義」ということになる。

さて、省工作委員会は武装基地を急いで建設しただけではなく、民衆運動も進め、ある地方では、半公開方式で民衆運動に取り組んだ。例えば南崁や観音の一帯では、前から農民組合の基礎があったので活用した。『光明報』などは、半公開で出版して、自転車の荷台に乗せて、家に配っていた。それだけではなく、地下共産党の党員が、夜には若い人たちと会って、新聞を読む会を組織して一緒に討論した。『光明報』を配達する人は、毎週二回の夜間集会を持っていた。こうしたやり方は、すぐに捜査機関に察知されてしまい、一九四九年以後に、台湾の地下共産党が急速に逮捕、壊滅される主な原因になった。

三、台湾共産党の失敗の原因

中国共産党中央の華東局が出した一九四七年の台湾省工作委員会への指示は、明らかに間違っていた。今から考えてみれば、当時の中国共産党は、台湾の情勢についてまったく理解していなかった。また、蔡孝乾は、古い台湾共産党員であったが、台湾を離れてから数十年が経過しており、指導者として台湾に戻っても空白期間が大きく、これも失敗の要因になった。

さらに、政府が進めた「三七五減租」が、台湾の地下組織に致命傷を与えた。「三七五減租」とは、蔣介石国民党政権が、一九五一年六月から施行した農民政策であり、小作料を三十七・五％に抑えるものであった。これは日本企業、日本人が所有していた土地を接収して、土地を所有していない農民に払い下げる「公地放領」とともに行われた。

これに対して、いわゆる「中国革命」、すなわち中国大陸における無産階級の社会主義革命は、実際には、少数の左派知識分子が農民運動を指導して実行したものである。中国共産党は革命の主力を農村におき、中でも農民の中の貧困層を中心とした。彼らの言い方によれば、農村の八割の農民は土地を持たない貧農であり、小作人であった。これらの土地を持たない農民は、粒粒辛苦の努力をもって僅かな土地を持ちたいと願っており、小作人としての貧農の立場を脱却して、自作農あるいは小地主になりたいと考えている。

中国共産党は、彼らに対して、それは不可能であると告げ、だから地主を打倒して田畑を分けようと訴えた。あるいは彼らに対して、これらの土地は、もともとみんなのもので、それを地主が独占しているのだから、奪い返そうと訴えた。このように、「地主打倒、田畑分配」というスローガンの下、中国共産党は貧しい農民の組織を急速に作り上げ、武装闘争の力を結集することができた。

しかしながら、台湾では国民党政府が進めた三七五減租以後の農地改革によって、農民が農地を持つようになった結果、中国共産党が農村において貧しい農民を組織化を進められた前提となる条件が台湾では消滅して、地下共産党が農村で生存することができなくなった。

当時、国民党政府が進めた土地改革は、地主階層に反国民党の勢力が強かったので、台湾の地主階層に打撃を与え、これを取り除くことで、国民党政府の安定、安心を得ることが主たる目的であった。

大陸から撤退して台湾に来た人々は、もともと台湾に土地をもっていないから、土地改革で失うものは何もなかったし、三七五減租などの実施を通して、国民党は、農民たちを引きつけることもできた。結果的に見れば、土地改革は、台湾の地下共産党活動にとってまさに致命的で、台湾共産党が農民運動を展開する条件を消滅させるものであった。

四、神桌山の読書会

一九四九年六月、人民解放軍が揚子江を渡って南下してから、大陸情勢は急変することになった。台湾省工作委員会は、中国共産党が台湾を開放する時期がさらに早まったと考え、この年の七月に全島の党員と民衆を動員することを決定し、第一次の全面的宣伝攻勢を発動して、積極的に「解放軍連携作戦」の準備を進めた。この第一回の、台湾全島での宣伝攻勢は、政府の情報機関による地下共産党摘発を誘発することとなった。

宣伝攻勢の中で、私がとった行動は、第一に、台湾省工作委員会の指示に従って、七月十日夜に、桃園支部の党員と民衆を動員して、鉄道の駅、学校、市街地の大きな廟にポスターを貼り、あるいは「台湾同胞に告げる書」「解放軍布告」などのビラを配った。

第二に、夏休みの期間を利用して、四，五人の学生と、銅鑼から大湖の法雲寺、さらには都揀山へ行って、地形と交通状況を調べた。このため、私たちが追跡された時には、警備総部の捜査員は何度も法雲寺を捜査した。

一方、一九四九年八月、基隆中学校長の鍾浩東のグループが逮捕された後、それまで彼らと関係のあった党員は全て撤退した。このため中壢の教員であった黎明華と鍾蔚璋が竹南および苗栗支部に逃げてきた。

第三に、張志忠の指示にしたがって、十二月中旬に苗栗の三湾にある神桌山で、一週間の読書会を実行し、数十人が参加した。これほど多数が参加して、時間も長い読書会は、現地で大問題になった。竹南支部の孫阿泉（三湾郷役場の職員）の関係で、神桌山の劉というシンパが農作業小屋を提供してくれたので、そこを宿舎とし、食事をし、会合をもって勉強した。その劉は、日本統治時代に旧農民組合に参加したことがあった。読書会は、張志忠が自ら主宰して、参加者は陳東星、黎明華、鍾蔚璋、劉雲輝、孫阿泉、張南輝および私など十数名であった。学習教材は、劉少奇の「共産党員の修養を論ず」、陳雲の「如何にして共産党員となるべきか」、毛沢東の「人民民主主義独裁について」と「新民主主義論」などであった。休憩時間には、「義勇軍行進曲」（すなわち中華人民共和国の国歌）や、「安息歌」などの歌を学んだ。

第六節　再建後の台湾省工作委員会

一、職業革命家になる

この頃、私は桃園と苗栗で組織の拡大に当たっており、新竹は別の人物が担当していたが、後から新竹南部の竹南も担当に加わり、ますます忙しくなったので、一九四九年十一月、参議会の仕事を辞して職業革命家となった。また、私は張志忠に代わって、陳福星から指示を受けることになった。

陳福星は、もともと台南県帰仁郷の農業学校（台南県立豊初級農業学校、すなわち現在の国立新豊高級中学の前身）の校長（一九四六年十月就任、一九四七年十一月免職）であったが、二二八事件の時に逃亡して、北部へ行って職業革命家となっていた。

こうして私は、竹南、苗栗を担当して、これら地域の基層の組織工作に従事した。その後、私の組織は、いわゆる「再建後の台湾省工作委員会」が壊滅する一九五二年四月まで、およそ二年余りの期間、地下に潜って活動していた。陳福星は福佬人なので、客家語はよくわからず、それで桃園地区での活動が多かった。

私たちの活動地区は、楊梅から北埔、三湾、獅潭、苗栗、三義などで、各地を何度も行き来したが、大安渓から楊梅までいく途中には大抵、北埔で一泊した。というのは汽車に乗らず、必ず歩いて行ったからだ。泊まるときは、人から紹介されて、信頼でき、民衆と関係を持っている人の家で過ごして、人々と会い、意見交換をした。そういう家がないときは野宿をしたが、それには墓地がもっとも適当だった。人が来ないし、夏には涼しかった。一方、冬に山に入ったときは、炭焼き小屋が一番良く、十分に温かく全く寒くなかった。このように、我々は、いつも居所を変えていた。

地下活動に従事するには、必ず各地の情勢について深く知らなければならない。道を行くときには、顔を隠すために編み笠を持っていたが、編み笠と言っても尖っていたり平らだったりと地域ごとにその形が違うので、必ずその地域の編み笠をかぶった。顔を隠しつつ、道であった人に余所者が来たと思われないためであった。

二、初期の活動

一九四九年十二月三十一日、神桌山の読書会を主催して台北に戻ってから間もなく、張志忠が逮捕された。銃器も没収され、保密局（国民党国防部）は、張志忠から、竹南地区の地下党員が苗栗地区で集会を開く準備をしていること、そして連合集会を開く場所についてもつかんだ。これによって、一九五〇年二月、保密局は、私たちの逮捕の準備を終えた。すなわち、張志忠が常に来ていたスーツ、身に着けていたブローニングの拳銃と数十発の弾丸を入れたトランクを使って、それを張志忠の連絡人になりすました人物に所持させて、三湾の孫阿泉の家にいた黎明華に遣わした。

その偽の連絡係は、張志忠が派遣したと自称していたが、その人物が所持してきた銃が張志忠の銃であることが黎明華にはわかった。その人は、黎明華に対して、「呉さん」（張志忠の偽名）に緊急の事情があり、竹南地区の幹部を二月十五日までに集めて欲しいと言われた、と伝えた。このため、黎明華は、ただちに私と陳福星などに通知した。

その数日後、私たちは意見交換のための会合を開いた。まず、地下党活動の原則によると、張志忠の行動は、組織原則を超えた指示であった。「呉さん」は黎明華を知ってはいるが、陳福星と私を飛ばして黎明華に指示することはできない。次に、黎明華が三湾に逃避していることをほとんどの人が知らない。また、黎明華がその人物が所持していたトランクを開けて検査すると、中のスーツは確実に張志忠が日ごろ来ていたもので、さらに銃を分解すると、撃針が切られて故障しており、何か問題があったことは間違いなかった。さまざまな事情から判断して、我々は、張志忠がすでに逮捕されて、陳福星、黎明華と私たちが近々、三湾で会合することを供述したものと判断した。これによって、張志忠が知っている党員は、全て緊急に潜伏することに決定した。竹南地区の十数人の党員は散り散りに逃げ、大部分は苗栗地区の支部に行き、一部は桃園、楊梅などの支部へ向かった。この結果、保密局の逮捕は失敗に終わった。しかしその後、五一年七月、黎明華は竹南で調査局に逮捕された。

竹東地区の地下組織から省工作委員会新竹鉄道支部にまで調査局の手が伸びる（一九五一年四月）ようになったとき、「洪さん」（陳福星）が劉興炎を連絡係（交通）に任用していたのは失敗だった。劉興炎は竹東人だったので、地理に明るいだろうと連絡係に任じて、新竹地区の組織との連携を担当させたのだが、ここに問題があった。共産党の地下活動の原則から見れば、一般人と異なる特徴の人を連絡係に用いることは不可で、必ずごく普通の、どこにでもいる人、注意をひかない人であることが必要だ。ところが、劉興炎は、足が悪く一歩一歩引きずるため、すぐに彼であることが分かってしまった。この人選は、原則に反する選択だった。実際、新竹鉄道支部に捜査の手が入ったとき、「洪さん」の連絡係であった劉興炎が連行されたのである。その結果、台湾当局の情報機関は我々の組織を見つけ出し、かなり具体的に内部事情を了解した。

その後、調査局の台湾省調査処は、私たちを逮捕するために、詳細の計画を練った。彼らは劉興炎と黎明華など数人を捕まえた上で対策を立て、范新戊を苗栗地区に派遣して、残った地下党組織に潜入させることにした。

三、指導小グループ

一九四九年下半期に、情報機関は台湾省工作委員会の指導者に対して、続けざまに攻勢に出た。まず、組織部長の陳澤民が一九四九年十月末に逮捕され、続けて張志忠（一九四九年十二月末）、蔡孝乾（一九五〇年一月末）、洪幼樵（一九五〇年三月）と、台湾省工作委員会の主要幹部、党委員会と支部の責任者が一網打尽にされた。

これにより、台湾地区の地下党組織は、私たちの桃園、楊梅、新竹、竹南、苗栗などの党支部と小グループだけが残ることとなった。こうした状況の下、陳福星、黎明華と私の三人は「指導小グループ」を結成して、組織の整備を進めた。この「指導小グループ」は、黎明華が逮捕された後も蕭道應を後任に充てて存続した。

ところで、調査局は、蔡孝乾等の指導した台湾省工作委員会の指導組織を壊滅させた後、残った私たちのグループを「再建後の台湾省工作委員会」と呼んでいた。

一九五〇年五月、「指導小グループ」の会議で、陳福星が、中国共産党中央の華東局が一九五〇年四月に出した、いわゆる「四月指示」が台湾の地下党組織に出されたと伝えたが、その主な内容は、革命が困難な時期に陥ったときには「退守保幹（退き下がって幹部を守る）」の戦略を必ず守ること、幹部を潜航させ、力量を蓄え、社会性、合法性と封建性、地方性を利用して、民衆の一部とともに、労働者の中に生存を求めること、であった。陳福星は、我々はすでに華東局との連携をとっており、今後は「四月指示」を徹底して履行し、党の体質を強め、最後まで堅持すると宣言した。

このとき、一九五〇年の「四月指示」は中国共産党中央の華東局から台湾省工作委員会に出された最後の指示であると皆がそのように認識していた。しかしながら、陳福星はその後、私に「四月指示」の真実を語り、それは華東局から来たものではなく蔡孝乾が書いたものだと言った。華東局と連携していると思わせることで、残った党員たちを奮い立たせようという考えから出たものだ。

蔡孝乾は、一九五〇年一月の第一次逮捕の後、二、三月頃に数十名の保密局の工作員に連れられて台北市内の秘密「武装拠点」の捜査に訪れたとき、隙を見て逃亡し、阿里山の奮起湖へ至り、そこで「四月指示」を書いたのである。これは蔡孝乾が逃亡した後、地下の共産党に向けた発した最後の指示であり、その後、蔡孝乾は奮起湖で再び逮捕された。我々が受けた「四月指示」は、蔡孝乾が直接に陳福星に渡したものだった。この「四月指示」が、実は蔡孝乾によって発出されたということを知っている人は多くない。

蔡孝乾は「四月指示」において、「退守保幹」の策を指示した。いわゆる「退守保幹」は、地方性、合法性と封建性を利用して、徹底的に組織の存在を隠ぺいし、幹部を保護するために労働者の中に隠れるというものだった。「四月指示」の下で、残った地下党員は、皆、山に入り込んで、民衆とともに労働に従事することで、自分を守りながら地下活動に従事しようとした。実際、苗栗地区について言えば、わずか数人が、木を伐り、炭を焼き、野菜を植えていたが、このあたりではレモングラス・オイルの生産が有名で、その精製は忙しかった。このおかげで、私たちは存在を隠すとともに、食と住の問題を解決した。

これに対して調査局は、我々が山間地に身を隠して労働に従事し、労働支援に名を借りて身を隠して暮らしており、農民の中に住んでいるに違いないと見定めていた。それゆえ、彼らは一名の内偵者を設けて、苗栗地区に派遣し、我々の仲間に入り込ませてきた。

四、范新戊の内偵

劉興炎など一連の逮捕の後、調査局は、范新戊という一人の忠実な人物を選んだ。彼は桃園の新屋の客家人で、農業職業学校を卒業してから、台湾拓殖株式会社の職員となり、戦時中は会社の派遣によって海南島で仕事をして、台湾に戻ってからは「公論報社」で仕事をしていた。その頃、黄培奕も「公論報社」にいたので、二人で共産党の地下党組織を立ち上げていた。その後、調査局に逮捕されたわけである。

ところで范新戊は、本人は知識分子であるが、見た目は農民のようだった。彼が農民のように見える上に、調査局に忠実であり、また、陳福星、曽永賢、蕭道應のことを知っていたので、苗栗の山間部へ内偵のために派遣され、私たちの組織に入り込んで、その逮捕の鍵となったのであった。調査局は、最高の工作として范新戊を配置したのであり、彼を調査局と関係のある農民多数に紹介した上、この付近の地区で労働に従事させた。

範新戊は、民衆の中に入り込んでからほぼ二カ月余りで私たちと顔を合わせることになった。最初は、シンパからの情報で、某所で活動している人があり、彼は一人で活動しているが、なかなかよくやっているということだった。私は、とにかく彼に会ってみることにした。最初は、範新戊は情報治安機関が浸透させようと派遣してきた可能性があるという警戒感を強くもちながら、私は彼と差し向かいで三回接触した後、何も問題がないと感じたので、今度は、私と「洪さん」の二人が一緒に彼と話をしてはどうかと、陳福星に相談したところ、陳福星も同意した。会ってみると、もともと彼らはお互いに知り合いでもあって、陳福星もなにも問題はないと判断した。範新戊の偽装は非常にたくみだった。

このように私たちは、ある程度の時間をかけて、範新戊は信用できるかどうか、情報治安機関の派遣ではないかどうか審査した。苗栗の山間部の状況など、いろいろな問題についても質問したが、彼は準備をしていて、明確に答えた。どうやって北部から苗栗へ来たのかと尋ねると、彼は、その経路を説明し、その経路についてさらに詳しく質問すると、私たちがたどった道とほぼ同じであった。民衆との関係についても、彼ははっきりと答えた。

範新戊は新屋の人で、客家語を話すことができるし、故郷はどこか、どんな親戚がいるかと尋ねると、すべてはっきりと答えた。それでは、どうして三義の山上に来ようと思ったのかと質問すると、彼は、親戚の一人がそこで山林を経営しており、それで親戚に身を寄せることにし、そこで働いているが、その山中に小屋があってそこに住ませてもらっているとのことだった。また、范新戊は、彼がそこで集めたシンパを我々に提供した。

これ以後、范新戊は私たちの組織の積極分子となり、しだいに信頼されるようになった。私たちは、山中の小屋として、最初は靠山の川辺を選んだが、そこは水音が大きいので、調査局が盗聴するには不便なところであったし、夜間に人が近づけば水を渡る音がするので、近づくのに難しいところだった。そこで調査局は、范新戊に、別のもっと都合の良い場所へ移るように仕掛けさせた。

それゆえ、私たちがその小屋にいて二ヶ月ほど経った時、范新戊がこの場所はいつも人がいたので発見されやすくなったと言って、別の場所に移ることを提案したのだが、実は調査局にとって都合のよい場所に、彼は一軒の小屋を用意していたのである。

当時、それぞれの情報治安機関は、台湾省保安司令部、保密局、調査局、憲兵隊などを包括して、「特殊連合グループ」を組織し、毎週一回、私たちを逮捕するための会議を開き、それにはすべての機関が参加していた。

この頃、私たちの保護所の設置を企画していた調査局は、海岸線に某と某がいたとか、苗栗東部の山間部で疑わしい人物がいたなどと、わざわざ偽の情報を流した。こうした情報によって、保安司令部、憲兵隊、警察局、保密局などの機関は緊張して、それらの地方で捜査活動を開始したが、それは調査局が私たちを保護するのに非常に好都合であった。それらの地区は危険であると警告されたようなものなので、私たちはそこには行かず、偽の情報を聴いて安心して山中で活動をつづけた。

五、分断された逮捕

調査局は、私たちを分断して逮捕した。あるとき陳福星と私と蕭道應が、三義郷魚藤坪の山上で会合をもったが、范新戊も当然、その時間を知っていた。私は大安渓から北上して、もともと蕭道應と川辺で会うことになっていたが、来たのは蕭道應ではなく、調査局が手配した内通者の「范ちゃん（小范）」――つまり范新戊だった。私が「范ちゃん」に、どうして「蕭さん（老蕭）」は来ないのかと尋ねると、彼は、「蕭さん」は、このところ風邪をひいて、腹痛があり体調がすぐれないので、代わりに自分が来たと言った。その時、私は疑わないで、「范ちゃん」と一緒に二時間ほどかけて、あの范新戊が用意した小屋へ連れていかれた。小屋には三、四人が隠れていて、私はすぐに抑え込まれ、縛り上げられた。実は、このとき蕭道應はすでに小屋の中で縛り上げられていた。

蕭道應は前の晩に逮捕され、この小屋で縛り上げられていたため、縄をかけられていた時間が長くなり、手の痺れが半年ほど続くことになった。二日目に私が逮捕され、三日目には「洪さん」、つまり陳福星が逮捕された。陳福星は、本来は蕭道應と会うということで、「范ちゃん」に騙されていたのである。

私たちは全員が拳銃を携帯していたが、銃を使うことなく制圧されてしまった。調査局の人員は、武器を使わせないように、先に小屋に潜伏して、すぐに縄で縛り上げてしまったのである。調査局の内通者の手引きは成功して、このように三人は三義郷魚藤坪で逮捕されてしまった。このほか、調査局の人員は、蕭道應の妻の黄怡珍とも途中で接触して確保し、合計四人が、トラックで台北の調査局の留置所に連行された。

私たちは、范新戊が内通者であることに気づかず、逮捕されてから悟ったのであった。私たちは、当時は非常に慎重であり、范新戊についても一定の時間をかけて審査したのだが、その審査も確実なものではなかった。彼が提供した情報が確かなだけでなく、情報の出どころが不確かな情報がなかったので、彼を信用したのである。

六、調査局の策略と郭乾輝

調査局は、内通者の配置の巧妙さで非常に有名であるが、彼らは治安機関による「特殊連合グループ」の会報を使って偽の情報を流し、「東を向かせて西を撃つ（東声西撃）」、というやり方で大方の注意を他に逸らしていた。また、捜査対象者に対する時間をかけた保護体制作りにも秀でており、他の機関に干渉させず、むしろ他の機関を別の場所の捜査へと誘導していた。このようにして、調査局は功労を独占した。

逮捕の実行は調査局が準備したもので、当時の台湾省調査処・処長であった郭乾輝が計画立案と実行を主導した。調査局長は季源溥で、後には内政部の政務次長にまで昇進した人物だ。

郭乾輝とは、郭華倫のことで、元は共産党員である。彼は客家人で、元々はインドネシアに移民し、日中戦争開始後に大陸へ渡って、広東の中山大学で学んでから、ほどなく秘密裏に共産党に加入した。一九三一、三二年には、中央ソビエト区（中央革命根拠地、江西省南部と福建省西部）に行って、中国共産党党中央の幹部として要職に就いた。一九三四年に中国共産党が中央ソビエト区を撤退したとき、いわゆる二万五千里の長征（一九三四年十月から一九三五年十月）を体験した。延安に至ってから、郭乾輝は、中央党学校に配属され、「中華民族革命運動史」の講座を担当した。その後、この授業の基礎とするため、「中華民族革命運動史」上下二冊を書き上げたが、上巻は出版されたものの、下巻は国共合作に関わるもので、公刊されていない。

日中戦争の初期、一九三九年ごろ、郭乾輝は華南で中統局（中国国民党中央執行委員会調査統計局、すなわち調査局の前身）に逮捕されたが、当時、彼は中国共産党中央南方局の組織部長兼江西省党委員会書記だった。逮捕後、郭乾輝は転向して、その後は一貫して調査局で勤務した。一九四六年、郭乾輝は台湾に派遣され、台湾省調査処処長となり、我々の逮捕の責任を持たされることになった。その後一九五七年、調査局副局長に昇進した。

一九六四年に副局長を退任してから、彼は中華民国国際関係研究所副主任となり、そこで執筆に従事することになって、「中共史論」の執筆を開始した。

郭乾輝は、いくつもの偽名を用いた人物で、中央ソビエト区にいたときは、対内的には「郭潜」、対外的には「陳然」と名乗り、延安では、「郭乾輝」と改称し、国際関係研究所では「郭華倫」と名乗った。「中共史論」は大部分、調査局が所蔵した原資料を用いて書いている。当時、郭華倫は、まず大筋を書きあげて、それから資料を使って完成させた。私は、彼の代わりに資料室で資料を探したことがある。

「中共史論」（全部で四冊）は出版後、国際社会から非常に重視されたが、それは多くの原資料に基いて書かれており、その点で他の追随を許さないからである。特にアメリカと日本で、大きな反響があり、中国共産党史を研究する人にとってはこの四冊は必読文献となっている。

郭華倫は、私を逮捕した人であったが、いろいろ話してくれて、中国共産党研究へと導いてくれた人でもある。

七、歴史的位置づけ

蔡孝乾が逮捕された後、私たちは活動を継続させたが、このグループは、調査局によって「再建後の台湾省工作委員会」と呼ばれた。この名称は、中国共産党中央が上位機関として想定されるものだが、実際には、私たちは当時、中国大陸との直接の連携がなかった。

それで、自主的な方策として、「四月指示」を発出し、「退守保幹」政策で活動した。しかし、結局は追い詰められて逮捕され、存続することはできなかった。私たちの逮捕は、台湾の地下共産党にとって大きな打撃であり、その後は個別に逃げ延びた人だけとなって、組織的活動はなくなった。したがって、これ以後、台湾の地下共産党は事実上存在せず、台湾の共産主義運動はこれをもって終止符を打ったのである。

第七節　調査局

一、留置室の日常生活

私は一九五二年四月に三義郷魚藤坪で調査局に逮捕されてから、一九五三年六月に調査局第二處の科員に任命されるまで、およそ一年一ヶ月の間、調査局の大龍峒の留置室で過ごした。

私たちは、留置室一部屋に二、三人が入れられた。陳福星、蕭道應と私は、三義で逮捕されて、トラックで台北の調査局の留置室に連行されたが、到着した時には、すでに部屋の準備が整っていた。洗面道具、下着、毛布など、一通りが用意されており、全てが新品だったので私は驚かされた。

調査局の留置室は、軍法処あるいは台湾省保安司令部看守所の監房とは異なって、管理は非常に緩やかで、管理の方法はかなり人間的であった。監房の扉は、昼間は鍵がかけられず、夜間だけ鍵がかけられた。昼間は、監房から出て散歩をしたり洗濯をすることもできた。トイレとシャワー室は外にあり、共同使用となっていた。食事のときは、留置室主任、警備員といわゆる「転向者」は円卓を囲んで一緒に食べた。

私たちが留置室に収容されて二日目、調査局台湾省調査処処長の郭乾輝が、陳福星、蕭道應と私の部屋に入ってきた。彼は「政治の現実を見なさい」「時勢の変化を認識しなさい」などと言い、この一年余りの逃亡の状況などを質問した。

当時、大龍峒の留置室には、私たちと相前後して収容された十五人ほどがいて、そのほか二名の調査局の人員がいたが、彼らは監視人であるとともに我々に対する間諜であった。

調査局では、まだ逮捕されていない地下党員との接触のために、「転向者」を派遣して、彼らに自首を説得させた。私たちより数カ月早く逮捕されていた劉興炎等は、台湾大学工学部学生会長の王子英、台湾大学一年生の郭維芳や「蕭さん」（蕭道應）とともに雲林で活動してから、三峡へ行き、烏塗窟基地に待機し、さらに苗栗地区へと移動した。このように調査局は、先に逮捕された人々を、まだ潜伏活動している地下共産党員のところに派遣していた。

二、留置室での主たる活動

留置室にいた期間には、私は、まずテーマ座談会に参加した。最初の一ヶ月、調査局は第二處処長の馮達を座長とする座談会が三回あり、逮捕された十数人が参加した。そこでは、当時進められていた土地改革に関連して、台湾の農村の状況、農民運動、三七五減租などについて、あるいは台湾内部の社会問題として、青年の思想、学生問題、公務員の政府に対する評価など、さらには朝鮮戦争についてなどが話題になった。座談会を開く前に、馮達はテーマあるいは大綱を先に示し、予め準備をさせて、会のときに意見を提出させた。この種の座談会のやり方は、たいへん有効で、座談会参加者の知見を絞りだすことができる。座談会の主な討論内容と結論は、私が記録を担当して、書面で提出し報告した。

しばらくして、私は苗栗県の調査所に派遣され、逃亡を続けている地下党員への自首の説得に協力した。主として、地下党員の家に行き、家族を説得して、家族から地下党員に自首するよう勧めてもらった。この「残党狩り」は一ヶ月余り続いた。

その後、私は、日本語資料の翻訳を申し出た。留置室の中では、いろいろな本を読むことができたが、三民主義と関係のある政治教育の本に限られていた。そこで私は、日本語の雑誌の提供を求め、その中で参考にする価値のある情報の資料を翻訳し、調査局の主管する情報業務の第一処の運用に供したいと提言した。この申し出は受け入れられ、間もなくたくさんの日本語の新聞、雑誌が送られてきた。私は、王子英と黄樹慈などと小グループを作り、日本語資料の翻訳を請け負ったが、業務量は非常に多かった。翻訳に値する文書の選択から、誰が翻訳するかの分配、翻訳原稿の審査は、私が一手に担当した。二、三カ月してから、情報工作に非常に役に立つということで、第一処の反応が非常に良かったので、送られてくる新聞・雑誌の量がさらに増加して、翻訳しなければならない文章の量も多くなった。この業務は、私が正式に第二処に配属されるまで継続した。またこの業務の功績が、私が第二処に異動となる要因ともなった。

三、「自新人員」

調査局が私たちをいわゆる「自新人員」（つまり、共産主義を棄てた転向者）として扱う措置には、当然、蔣経国の承認があった。蔣経国は、かつてソ連から戻った時、自分が「転向者」であった経験を持つ。

国防部保密局の下に、「自新人員」のグループとして、蔡孝乾、洪幼樵、陳澤民などがいた。ただし、張志忠は銃殺された。保密局は、このグループをもって、共産党情勢研究室を成立させ、蔡孝乾が責任者（副主任）となった。

調査局は「再建後の台湾省工作委員会」のグループを収容して留置するにあたって、おそらく蒋経国の了解を得ていただろう。その人数はかなり多く、私のほかに、黎明華、陳福星、蕭道應、劉興炎、林希鵬、黄樹滋、王子英、郭維芳、范新戊、王顯明などがいた。その後、一九五三年のはじめ頃に各機関への配属が始まり、私と黎明華は調査局の本部に留め置かれたが、皆は第二処あるいは研究処に送られた。

一方、保密局（情報局）で働いていたのは、蔡孝乾のほか、洪幼樵、陳澤民などがリーダーで、その他に陳定中など数人がいた。

蔡孝乾は、後に情報局中国情勢（匪情）研究室の副主任となり、「二萬五千里の長征実録」（台湾人の長征の記録）において、自分の経験を叙述した。逮捕前には、私は蔡孝乾と会ったことはなかったが、正式に調査局に配属されてから、同じ中国情勢研究を担当したので、よく蔡孝乾の研究室に会いに行った。また何度となく一緒に食事もした。会議のときは洪幼樵もたいてい一緒だったし、調査局と情報局は、お互いに資料の貸し借りもしていた。

蔡孝乾が逮捕されてから、地下共産党の組織関係が情報機関に知られ、彼の供述で多くの人が逮捕されることになったのではないかとも言われるが、実際は、おそらくそうではない。台湾省工作委員会は地区分担制をとっていたので、蔡孝乾は各地の詳しい状況を知らなかったはずである。

共産党のやり方から、かつて台湾共産党の指導者として良い生活を享受し、冬にはしばしば羊肉を楽しんでいた。実は、共産党では、革命のためには身体の健康を保つことが必須だと言って、いろいろ気を使っている。日本共産党中央委員会書記の野坂参三もこのようであって、彼が地方の共産党を視察に行くときは、必ず毎食宴会が用意され、地方の党は食事のアレンジに気を遣うのである。「着る物には三等級、食べ物は五等級」があるとされ、共産党内部の階級による取り扱いは、非常にはっきり分けられているのだ。

広東省第一書記の陶鋳は、広東省の眺望の優れたところに十数ヶ所の招待所を設け、中央から派遣される幹部の接待に用いていた。それだけではなく、北京では広州大飯店に毎日、山海の珍味を輸送して、中央の高官を招待した。陶鋳は、毎年、十〜二十斤の朝鮮人参を食べるため、党の命令で吉林省委員会が彼に寄贈している。これが共産党の世界であって、待遇は階級によって全く異なる。共産党は配給制を実行したが、着る物も食べ物も、異なる階級あるいは幹部の職級によって提供されるのである。

一般社会に対して、共産党は階級制度に反対し、階級闘争を主張しているが、共産党の内部では階級が非常にはっきりしているのである。歩く時、座る時の序列があり、誰が一番、誰が二番と全て決まっている。だから我々が中国情勢、あるいは共産党問題について研究する場合には、彼らの並び順を観察し、序列の変化を見ることが非常に参考になる。これはとても重要な点であり、我々はこれを「序列学」と呼んでいる。新聞に載った写真でも同じことで、誰が一番、誰が二番ということが決まっており、絶対に乱れることはない。

また、共産党の指導者は、一旦失脚すると、すぐに左遷され、並び順が下げられる。例えば、四人組の失脚のときは江青などの写真が消えた。反対に、林彪が権力を得たときは、毛沢東とのツーショット写真が作られたが、これは明らかに偽造だった。このような偽造は、共産党にとっては朝飯前なのである。我々が資料を集めるときは、その資料がどの時期のものかを注意しなければならない。オリジナルが発表された時期も、それが更新された時期も、とても重要なのではっきりさせておかなければならない。

四、調査局の略史

1　調査統計科（一九二八年～一九三八年）

調査局は、もとは中国国民党の中央組織部の内部に置かれた「調査統計科」であり、一九二八年二月に成立した。調査統計科は一九三八年二月に「中国国民党中央執行委員会調査統計局」に改組され、略称は「中統局」となり、国民党中央党部秘書長の朱家驊が初代の局長に任じられ、徐恩曽が副局長となったが、実際の指揮は組織部部長の陳立夫（一八九〇年～二〇〇一年）が担当した。陳立夫が調査統計科を創立したときには初代の科長となり、徐恩曽はその部下であった。徐恩曽は後には科長となり、彼は電信技術の専門家であったため、科学的な発想があり、同科に科学技術を導入し、情報を重視し情報設備を導入して情報網を整備した。

一九四七年七月、国民党中央は中統局の廃止を決め、これに代えて中央執行委員会秘書処の「党員通訊局」を置いた。一九四九年四月には「党員通訊局」が「内政部調査局」に改組された。つまり、国民党の組織から政府機関になった。一九五六年六月、調査局は内政部から外されて司法行政部に所属することとなり、一九七〇年七月一日、「法務部調査局」へと改組された。

2 中統局（一九三八年～一九四七年）

中統局と「軍統局」（国民政府軍事委員会調査統計局の略称）の権力闘争は、久しく続いていたが、もっとも激しかったのは戴笠が国民政府軍事委員会に任じられていた時期だった。彼は中統局を目の敵にして、職務を利用して中統局の情報を封じ込め、上部に伝えなかった。このほか、戴笠は徐恩曽の密輸を摘発し、これによって逮捕した。当時は、多くの機関が密輸によって、物品の補給をしていたのである。委員長の蔣介石は、「永久追放」にして、徐恩曽を中統局から排除したので、これ以後、軍統局が風上に立つことになった。

日中戦争での勝利のあと、軍統局は中統局より先に台湾に移転したが、彼らは林頂立や劉啓光（本名：侯朝宗）などの台湾戸籍の人員を多数もっていた。劉啓光は元農民組合のメンバーで、大陸で従軍した後に台湾に戻り、新竹県長を務めた（一九四六年一月～一九四六年十二月）。中統局は一歩遅れてきた。これゆえ、台湾での活動は後の保密局も比較的基礎があったので発展した。

3　情報治安機関の改組

蔣経国が政権についたとき、国防会議副秘書長（一九五四年九月〜一九六七年二月）の立場で情報治安機関を掌握したが、職位のわりに権力は非常に大きかった。しかし、軍統局の伝統的な影響力は、中統局よりずっと大きく、蔣経国は調査局の中の「CC派」（国民党内の、陳果夫と陳立夫の兄弟を中心とする派閥）の勢力を消滅させた。当時、調査局は内政部に所属していた。一九五〇年代中期に、蔣経国が情報治安機関を改組したとき、まず業務分担を見直して、国防部情報局が一九五五年に改組された保密局に対中政策を、調査局には台湾工作を担当させて、同時に、調査局を内政部から外して「司法行政部調査局」（一九五六年六月）とした。

次に、人事交流として、一部の保密局の人員を調査局に移し、少数の大陸工作と関係のある調査局の人員を保密局に異動させた。実際、この人事交流には問題があり、保密局に異動した調査局の人員はかなり少なく、しかも文官である職員を軍事機関に異動させるので、損をすることになった。逆に、保密局の軍人が調査局に行くと、階級が上がることになった。例えば、少佐は第七等職になり、中佐は第八等あるいは第九等職、そして大佐は簡任官（第十等職）となった。戴笠が創設した「特警班」は、軍事学校と同等に見なされた。それゆえ、調査局に来た保密局の人員は、たいへん得をしたし、人数も多かったので、調査局はしだいに衰微した。

4　機能の変化

ここまで調査局の沿革史を概観した。以上のように、調査局の本来の機能は政治防諜であったが、一九六〇年代半ばからの沈之岳による改造の後には、この機能はしだいに消失して、調査局は変質し、以前の警備総部の専門であった脱税や汚職など、経済犯罪の追求を主とするようになった。

調査局のこのような国家に対する機能の変化は、良いことではない。中国共産党は、一方では表で、他方では裏で台湾に対してさまざまに仕掛けており、表では軍事力で、裏では台湾内部に内通勢力を扶植することで、内外相呼応するというのが彼らの一貫した戦略である。短期的な武力解放でも、あるいは時間をかけた平和解放も、どういう方式でも台湾問題の解決には、相当な規模の台湾内部呼応勢力の涵養が必須である。これに対して中国共産党による内通勢力扶植戦略に対抗してきたのが調査局であり、防諜活動で内部の敵を摘発し、消滅させることがかつての業務であった。

しかし、こうした機能がしだいに消失すれば、中国共産党に対する防御がなくなり、彼らが随時台湾に浸透できるようになってしまう。台湾の現状に照らして、私は一貫して、台湾内部に潜伏する中国に呼応する勢力を懸念している。そして、彼らが指揮、あるいは動員できる民衆の数は少なくないと見ている。

中国共産党が内応する勢力を作るために、秘密要員を派遣するときは、完全に身分を変えて台湾へ来る。それには密入国や大陸花嫁などもあるが、恐ろしいのは、中国大陸から台湾にくる数十万人のうち、結局、どれだけの人数が中国共産党による派遣なのか、誰も知らないことだ。

このほか、我々が注意すべきなのは、国民党統治時代の中国共産党との闘争の過程で、台湾の統治機構の上層部に埋伏した多くの共産党員、あるいは共産党の内通者の存在であり、これは今もなお存在することである。当時大陸から派遣されて潜伏していた人は、今では高齢化してしまって、活動などできないのでないかという人もいるだろう。しかし、実はそうではなく、彼らは重要なポストにつくと、あからさまに人材を集めたりはしないが、必ずや秘密のうちに組織内部に自分の勢力を拡張し、影響力を拡大して、人を集めて、動員可能な勢力に仕立て上げているのである。このような長期潜伏者が、影響力をもつ人々、あるいは占拠した地盤を、共産党は使うことができる。こうした、いわゆる中国共産党にとっての内応力にはさまざまな形があるだろう。

当然、台湾の政府、担当部局は、上層部に潜伏しながら、何も動いていない人々についても掌握してきた。例えば、陳立夫がかつて鄧小平に書簡を送って、台湾の武力解放を絶対に放棄しないようにと説き、もしひとたび放棄を宣布すれば、台湾はすぐに独立してしまうと書き送ったことは知られていた。当時、鄧小平は、その建言を非常に喜び、それ以後は彼に多額の資金を提供して、彼の子どもたちの事業に多くの便宜を図った。

中国共産党の勢力が、様々な形で台湾内部に浸透するのに、組織的な形態を備える必要はない。台湾に長期潜伏している共産党の秘密党員、あるいはその同調者を動かす、背後の原動力は「祖国」中国への愛であり、愛国主義と偏狭な民族主義である。中国において、共産党への信仰はすでに動揺しており、社会主義の理想ももはや薄らいで、もはや誰も信じないかもしれないが、残された「中国」

民族主義はもっとも浸透しやすいものだ。今の私の心配は、中国の偏狭な民族主義と大中国主義である。

五、調査局時代のこぼれ話

1　訓練

一九五四年の夏、調査局は私を「石碑訓練班第二分班」（所在地は、現在の「展抱山荘」であり、新北市新店）での一ヶ月の訓練に送った。私は、第二期生で、同期生は五十人か六十人、皆調査局の本部か各県市の調査処の現職の職員で、ほとんどは初対面だった。この訓練期間はわずか一ヶ月であったが、五十、六十人の同僚と知り合ったことは貴重な機会だった。

一九五五年秋、私は国民党の「革命実践研究院」（今の国家発展研究院の前身）の中興山荘（その後、「青邨」と改称）における「党政建設研究班」での訓練を受け、私はそれまで国民党に加入していなかったので、訓練を受けたときに党員証を交付された。彼らに促されて、私は受付のときに入党の手続きをしたのである。革命実践研究院は、陽明山の中山楼の近くにあり、たいへんに素晴らしい場所だが、分院である「中興山荘」は木柵にあって、これも大講堂と図書館があるなど設備は悪くなかった。

曽永賢は、党政建設研究班の第二十三期生で、当時の同期生の数は非常に多かったが、五、六人ごとのグループで蔣介石に会う機会があり、活動状況などを質問された。蔣経国も時々やってきたが、滞在時間は非常に短く、たいていは三十分くらいだった。その頃、革命実践研究院のステータスは非常に高く、主な担当者は袁守謙（革命実践研究院主任）であった。

2　諸外国の要員の情報活動訓練

当時、楊西崑が局長のときに、アジア、アフリカ、ラテンアメリカなど第三世界国家について、一方で、農業作業隊などの方式で彼らを支援し、他方では、それらの国の情報治安要員を台北に招いて訓練を受けさせていた。農業作業隊については、経済部が担当し、情報治安要員の訓練は国家安全局が担当した。ただし、国家安全局では、いくつかの項目は他の機関に分担してもらうことにした。例えば、中国共産党情勢と共産党の戦略戦術や、政治防諜についての講座は調査局が担当して、国家元首の護衛についてのカリキュラムと授業は国家安全局特別勤務部が、一般の治安については台湾省政府警務処が担当した。そのうちでは、中国情勢に関する授業時数が最も長く、ほぼ半分を占めたが、これについては私がカリキュラムを決めてから教官を派遣した。通訳などについては外交部の支援を受け、国家安全局で、英語やスペイン語などの外国語のできる職員が翻訳に当たった。

当初は、タイ、ベトナム、フィリピン、カンボジアなどの東南アジア諸国が比較的積極的で、人員を送ってきた。その後は、アフリカやラテンアメリカなどからも来るようになった。調査局は、中国情勢を担当したので、授業担当時間は非常に長く、お互いに個人的な交流も生まれることになった。しかし訓練が終了して帰国してからの研修生と調査局の職員との個人的な連絡は許可されず、連絡についてはすべて国家安全局を通すようにされていた。このため、せっかくの関係もやがて続かなくなってしまった。

初期に来た研修生では、タイから来た研修一期生の中に、後にその国の警察総監になった人もいる。あるいは、コンゴから来た研修生は、政変後に大統領になった。しかし、私たちは、せっかく研修生と関係をつくっても、後から密接な連携をもてず、この関係を緊密化させないので、無駄骨折りのようでもあった。

このような対外工作は、後には政治作戦学校が担当するようになったが、当初の構想とはかけ離れたものとなっている。

3　人事処遇

一九五三年六月に私は調査局で正式に公務員となり、最初の六年間は科員であった。当時の調査局は、科員、調査員、専員、科長、専門委員、副処長、処長、主任秘書、副局長、局長という序列になっていた。このほか、調査局本部と各地方の県市の調査処と調査事務所には督察が置かれたが、それは薦任督察と簡任督察に分かれていた。

調査局での仕事をしていたとき、ある人から、督察室が私についていたくさんの報告書を持っていると伝えてきた。私としては調査局の指示で業務をしており、疚しいところがないのに、監察されているなら誰がこんな業務に責任をもつものかと内心で思っていた。私の言動が一つ一つ督察室に報告されるという状況はかなり長く続いた。

当時、研究処（第四処）は調査局本部の中にはなく、現在の展抱山荘にあったが、ある督察がいつも研究処にぶらぶらとやってきていた。彼は私に、「あなたの交流関係は複雑だな」と警告したことがある。しかし、当時の処長の呉慕風は、訪問客があると必ず私を陪席させ、あとから連絡する必要があるときには、私を通すように指定した。このため表面上は、私には非常にたくさんの関係があるように見えたが、実は、それは個人的な関係ではなかった。

一般的に、副処長には専門委員から昇任するのだが、私は専門委員を経験せずに、科長から直接に副処長になった。これは特例であった。しかし、私は、副処長を一一年四ヶ月（一九七五年二月～一九八六年六月）務めたことでも調査局の記録を創った。これは上司が故意に私を昇進させなかったためである。その後、翁文雄が局長であった一九八六年七月に処長に昇任した。

第八節　中国共産党研究半世紀

一、薈廬資料室と資料の由来

一九五三年、調査局の業務を正式に開始したとき、最初に五百元の支度金を受け取り、私は当時の第二処（研究処、現在は第四処）に配属され、主として中国大陸情勢、および中国共産党問題の研究に従事した。

私は、調査局がこの部門に配属してくれたことを感謝している、というのも第二処には、当時の中国共産党に関する多くの、そしてそれまで手にすることの出来なかった原資料を納めた「蒼盧資料室」という国際的にも有名な資料室があったからである。

蒼盧資料室の資料は、主として三つのルートで入手したもので、第一に、共産党員を逮捕した際に取得した資料で、これが最も多かった。先述の通り一九二七年四月、中国国民党が、「清党（党員の身上調査による共産党員排除）」の後、中央組織部の下に「調査統計科」（一九二八年二月）が置かれ、一九三八年には「中統局」に改組された。中統局の任務は、共産党との闘争と、共産党各派についての調査であり、その活動に必要な共産党の資料収集に注力していた。このため共産党の地下組織を摘発するたびに、多くの貴重な資料を獲得した。第二が、ソビエト区や延安に人を派遣して、公に出版されている資料を購入することである。第三に、共産党員が個人に贈った文献が資料室に寄贈されたものである。これによって、蒼盧資料室の収蔵資料はしだいに増加して、台湾移転後には、非常に重要な原資料となったのである。私が研究所に在職していた時期にも、蒼盧資料室はさらに多くの新しい資料を購入していた。

二、共産党研究における資料の重要性

台湾の中国共産党研究とそれについての教育は、まず政治大学に東亜研究所が一九六八年に設置され、それから中国文化大学に大陸問題研究所（現在の中国大陸研究所）が一九七二年に設立され、それから五、六年して、各大学に陸続と中国大陸研究に関する課程が設置された。このような状況にお

いて、資料が不足していたので、調査局の資料室はしだいに外部に開放されるようになった。国内だけではなく、海外で大陸問題を研究する学者も、この研究所の所蔵資料の希少性を非常に重視して、遠路を厭わず閲覧しに来た。当時は、中国共産党問題について研究する者は、歴史研究であろうとその他の分野であろうと、全世界から薈廬資料室にやってきた。日本からくる学者が最も多かったが、次いでアメリカ、ドイツなどである。

王健民が著した『中国共産党史稿』（全三巻本）は、調査局の資料を利用して書かれたものだ。王健民は当時、政治大学の教授で、複写不許可の資料を多く用いるため、毎日、資料室で自ら書き取っていた。中央研究院の陳永發院士が著した『中國共産党革命七十年』（全二冊）で用いた資料の大部分は薈廬資料室所蔵のもので、彼も何年にもわたって資料室に通ってきていた。郭華倫の『中共史論』（全四冊）もやはり、大部分は調査局の資料を利用したものである。

原資料の重要性はなんだろうか。共産党研究において、困難なことは、資料が容易に手に入らないことにあるが、このほか、新旧の資料を対比すると、新史料は改竄されていることが少なくない。私はかつて『毛沢東選集第四巻を検証する』という本を書いたが、『毛沢東選集第四巻』に収録されている文献の半分以上について、私が薈廬資料室で原資料を確認して、出版に際して改竄された部分を明らかにし、その意図についても結論づけた。

その結果、もっとも書き換えが顕著なのは、毛沢東が一九四九年に中国共産党創立二十八周年を記念して書いた「人民民主専制を論ず」であった。

原本では、毛沢東は、第二次世界大戦後の国際情勢の最大の特徴は、ソ連を筆頭とする共産主義諸国とアメリカがリードする帝国主義諸国との二大勢力の対立であり、その中間の路線は存在しないと、非常に明確に記していた。

しかし、その後一九六〇年代初期に、スカルノ等が第三勢力を組織して、中国もこれに加わるなど情勢に変化が生まれると、毛沢東は一九四九年の「人民民主専制を論ず」の内容を、一九六〇年の『毛沢東選集第四巻』を出版したときには改めたのである。

中国共産党政権が成立する前、新華社の社説や評論の多くは毛沢東自身が書いたものであったが、その多くは後に修正されており、甚だしい場合には半分が、それ以後の情勢の変化に合うように書き換えられた。毛沢東の、将来を見通す、先見の明があることを示そうとして、事後の事態に合わせて、後から出版される版本では書き改められるのである。

このように新旧の資料の間の違いについては、詳細に見比べなければ本当のことを述べるのは難しく、もし原資料あるいは直接引用の出版物と対照しなければ、正確を期することはできない。このような現象は、西側国家ではあまり見ることができない。それゆえ西側諸国での研究における原資料の重要性より、共産主義研究のための蒼廬資料室の重要性が高いのである。

三、蒼廬資料室と私

先述の通り、一九五三年に配属されてから、私は研究処に三十七年間（一九五三年六月〜一九九〇年二月）一貫して勤務した。

調査局に収蔵されている多くの中国共産党に関する原資料を一番多く、そして繰り返し見たのは私だと思う。多くの学生が蒼廬資料室に資料を見に来るが、私は指導教授として、まず彼らの論文のテーマは何かを質問して、それからアドバイスをして、どこにその資料があるかを伝えたものだ。

蒼廬資料室では、私は国内で中国問題を研究するために資料を見に来る人と密接な連携をとるだけではなく、彼らにアドバイスをし、また多くの外国の学者とも連絡を保っていた。日本の学者のうち、最も早くから知り合ったのは衛藤瀋吉（一九二三年十一月～二〇〇七年十二月　後に亜細亜大学学長）、石川忠雄（一九二二年一月～二〇〇七年九月　後に慶應義塾長）などで、我々は四十、五十年の友好関係をもち、それは彼らが亡くなるまで続いた。

また、アメリカの学者ではスカラピーノ（Robert A. Scalapino）は、日本語を理解したので、私は彼と日本語で交流した。

以上のように、蒼廬資料室は、私に中国共産党問題を研究する資料を提供してくれただけではなく、非常に重要な媒体となって、私が国内およびアメリカや日本など海外の多数の中国問題研究の専門家と知り合う契機となった。

四、中国共産党情勢の研究

私は、中国共産党情勢の研究をすでに半世紀も続けてきた。調査局では、三十七年に渡って、中国共産党情勢研究を継続しながら、一貫して勢力を注ぐことができたのは、この仕事が私の関心と一致していたからだろう。ここでは、共産党の歴史と政治、中国共産党史、中国共産党の党政の現状、国際共産主義運動および中ソの闘争などが私の研究領域であった。

この間、私は調査局において、全部で百万文字の文章を書きあげた。ある時期には、毎月一篇、中国共産党の現状について書き上げ、調査局が出版していた『匪情述評』（後の『匪情研究』）に掲載した。このほか私は、国家安全局が国際関係研究所に発刊を委託していた月刊誌『匪情月報』にも執筆した。これら二つの雑誌の他に、平均して毎月一万字ほどの原稿を書いていた。現在の公務員は、当時の私と比べると、実に待遇がよいと思う。政治大学国際関係研究センターの研究員は、一年に二本の論文を書けばよいことになっている。政治大学校長を務めた鄭丁旺（一九九四年〜二〇〇〇年）は、全世界でこれほど高い原稿料はないと言ったことがあるが、同センターの年収からすると、二編の論文の執筆料が百数十万元（五百万円ほど）になる。

当時、私は原稿を書くのに非常に忙しく、休日はほとんどなく、夜遅くまで原稿を書き、二日に一度は午前三時ころまで書いて、それでも次の日も出勤した。私は、原稿を書かない時には一日二箱のタバコを吸っていたが、原稿を書くと一日五十本もタバコを吸っていた。

面白かったのは、昼間ずっと探していた資料を夢の中で探しあて、慌てて起きて書き止めて、次の日に調べてみると、本当にその資料を見つけ出すことができたという経験をしたことである。こんなことが二度ほどあった。

論文を書く他に、専門書も出版した。私の最初の本は、一九五四年出版の『共産党労働者の活動』で、共産党労働者の活動の歴史を明らかにしたものである。

一九六〇年には『毛沢東選集第四巻を検証する』を出版した。一九六二年には『共産党活動家の浸透戦術の研究』を完成させたが、この本は共産党の地下党活動、宣伝活動、情報活動、軍事行動、民衆運動から統一戦線運動などを含むもので、百八十ページあまりではあったが、私が精力を注いだ成果であった。これには共産党の原資料、主として蒼廬資料室に所蔵の当時の中国大陸における共産党の地下活動についての秘密文献を使ったが、共産党中央の指示、各レベルの報告書、重要幹部の講話なども含まれる。その後、この本は国家安全局を経て、他国の情報部門と資料交換された。後から長官が、あの本はアメリカで全文英訳され、アメリカの情報機関の参考書籍となったと教えてくれた。私にとって、これは非常に名誉なことである。

当時、台湾で共産党の地下活動、そして共産党の浸透、潜伏活動と戦術について本格的に研究していたのは私一人で、それまでも共産党の地下活動について全面的、且つ体系的に論述した人はいなかった。私は、この分野の研究を、若い研究者に引き継ぎたいと思っており、私が処長となったとき、何人かの同僚を東亜研究所の博士課程で学ばせ、卒業させたが、彼らは中国共産党の党政や外交関係の研究を志して、共産党地下活動の研究には向かわなかった。この研究領域について、後継者がいないのはたいへん残念なことである。

一九六三年、私は『中国共産党特務工作の研究』を出版したが、当時、この分野の研究をしている人はいなかった。一九六四年、『中国共産党の対日浸透工作』と『中国共産党の理論と実際』の二冊を出版した。

一九六六年に文化大革命が勃発すると、その年に『中国共産党の文化大革命の真相』を書いた。私は、この本で、文革は、実は毛沢東と劉少奇の間の権力闘争であり、毛沢東が失われた権力を奪還するために発動したものであるとの見解を提示した。毛沢東は、スターリン（一九五三年三月）の死後、ソ連共産党で権力闘争が起きたことから、中国共産党でこれが発生することを未然に防ぐため、共産党の指導権を第一線と第二線に分ける決定をした。第一線は、当時の副主席の劉少奇、周恩来、鄧小平などで、毛沢東は第二線に退いた。毛沢東はこの決定をしたものの実行する気はなかったのだが、劉少奇、鄧小平などは「計には計を」でこれを実行した。

これに対抗して、文革の時期には、毛沢東は、鄧小平は毛沢東に報告しにこないだけでなく、重大な決定において毛沢東の指示を仰がない、と叱責した。実際、当時すでに権力は毛沢東から他に移っており、実際の指導権は第一線の劉少奇、鄧小平、周恩来などの手中にあった。毛沢東は奪われた権力を奪還しようと考え、林彪を取りこみ、人民解放軍を手中に収めた。そこから、まず軍の中で毛沢東思想の学習運動を広めさせ、『毛沢東語録』を編纂したが、同時に林彪が、「毛主席の著書を読み、毛主席の話を聞き、毛主席の指示を実行する（そして、毛主席の戦士になる）」というスローガンを打ち出した。この基盤の上に、全軍で毛沢東崇拝の運動を発動し、軍内における毛沢東の権威と地位を強固にし、事実上、劉少奇らの指導部に対抗する勢力としたのである。当時、このような観点から文化大革命を分析したのは、私が初めてであった。

このように中国共産党情勢の研究とその執筆で忙しかったため、私は体を壊してしまった。四十数歳のとき、突然、血圧が高くなり、友人の医者を尋ね、検査しても原因がわからなかった。医者は、私の生活状況を尋ねたので、私は非常に忙しく、徹夜もしょっちゅうで、一日に二、三時間の睡眠で、タバコも多く吸っていて、徹夜でなければ一日二箱、徹夜だとさらに半箱吸っていると言った。すると医師は、一ヶ月に一日か二日は外に出かけるようにと提案した。私は、そんな暇はないから不可能だと言った。すると今度は、タバコを止めるようにと提案し、禁煙の手助けをするといった。そこで、私は禁煙の支援をしてもらった。

当時、事務所の四、五人が一緒に禁煙をして、タバコの代わりにガムなどを買ってきたが、禁煙に成功したのは私一人だった。こうして、二十年も吸っていたタバコと決別した。禁煙後も二年間にわたって薬を飲み、私の血圧は下がって安定し、現在も高くはない。

それ以後、私はいつも私の学生や、若い人たちに、忙しくても気にしないで、仕事を楽しむように言っている。忙しく中国共産党研究を続けた結果、私の身体に影響があったが、それでも執筆を辞めなかった。一貫して、総統府に入ってからも執筆を続けた。その後は、本にまとめることはできなかったが、それでも中国問題についての報告はたくさん書いてきた。

五、研究生活のこぼれ話

1　中国共産党情勢図表と記録カードの作成

長かった研究活動の期間には、いくつか書き止めておきたいことがある。一九七一年の中華民国建国六十周年のとき、行政院新聞局と国民党中央委員会文化工作会（略称、文工会）が台北市南海路の国立台湾科学館（今日の「国立台湾科学教育館」）で合同の大規模な中国共産党情勢展覧会を開催し、このために中国共産党情勢研究を行っている調査局、情報局、国際関係研究所、国民党中央委員会第二組と同第六組などの機関は、それぞれの部門の資料を提供して展覧会に参加することになった。私は二つの作品を提出したが、その一つは大型の図表で、当時の中国大陸の党政軍などの配置と組織系統、戦略戦術と政策方針の図であり、その下部には関連の公文書（档案）、新聞や雑誌を示して、説明した。図表のかたちで中国共産党情勢を展示したのは、私が最初であった。これ以後、この図表は、「共産党反乱の史実図表」として数年おきに改訂され、今日まで継続的に用いられている。

また、私は、中国大陸に関して外国人が撮影した映像を編集して、およそ三十分の一本のドキュメンタリー作品とし、「神州の涙」と題した。当時、まだ知的財産権について整備されておらず、行政院新聞局が所有した「人民公社」「大躍進」「土法製鉄」等に関する記録映像が二、三十本あったので、私はこれらの映像を全て見て編集して、中国大陸の情勢を描き出す一本のドキュメンタリーにまとめたのである。「神州の涙」は、台湾で初めて編集された中国共産党情勢のドキュメンタリー作品であり、私としてはまずまずの作品だと思っている。これ以後、調査局では、来賓の訪問の際に、この映像を放映して見せていた。

2　国際関係研究所と学術外交

一九五五年あるいは一九五六年には、各機関の中国共産情勢研究部門を国家安全局の下に統合するという提案があり、我々はこの問題について剣潭で二日間の会議を開いたが、最終的に蔣経国が否決した。蔣経国は、情報機関が一つにまとまることは正しくなく、本来、多元的であるべきだと考えていた。それゆえ、各機関は従来のそれぞれの中国共産党情勢研究の部門を維持して、それぞれに活動した。

調査局は、主として中国共産党の党政および人事について、保密局（国防部情報局）は、主として中国の経済と軍事を、国際関係研究所は中国の外交と社会を主として研究した。『匪情月報』は、国際関係研究所が出版していたが、中国共産党情勢研究のそれぞれの部門から編集員に加わっていたので、国際関係研究所が総合的な統制機関のようになった。

一九七〇年代は、蔣経国が主導する時期であったが、国際関係研究所（後には、国際関係研究センター）が「学術外交」を担うことになると、関係各機関も支援した。これによって、一九七〇年からアメリカの学術団体と協力して「米華中国大陸問題研究会議」を、一九七一年からは、日本の「総合研究所」等の学術機構との間で「日華大陸問題研究会議」を、そして一九八〇年には、韓国の学術機構との協力で、同じような「台北—ソウル（漢城）論壇」を、さらに一九八四年にはドイツのベルリン自由大学（Freie

Universität Berlin）などの学術機構と「中欧学術会議」を開始した。

この頃、国際関係研究所は学術外交と国際交流において、非常に重要な役割を果たしていた。呉俊才が国際関係研究所の所長を長く勤め（一九六四年四月～一九七二年八月）、非常に積極的に学術外交を進めたことはたいへんに良かった。その頃、蔣経国は呉俊才をかなり重用しており、また呉俊才は国際関係研究所の機能のなかでも、学術外交をかなり重視していたのである。後に、呉俊才は国民党副秘書長（一九八一年四月～一九八四年六月）に昇任した。結局、国際関係研究所は、一九七〇年代に学術外交を推進しはじめ、最初は非常に成功したが、やがて人的要因のために連携が失われてしまった。日華大陸問題研究会議は、一九七一年に第一回会議が開かれてから三十数回開催された。その間に一度だけ途絶え、二年間開催されなかったが、それは日本側の学者の尊厳が損なわれる事案が発生したためであった。蔡維屏（一九七五年七月～一九八一年五月）が杭立武（一九七二年八月～一九七五年七月）の後を継いで国際関係研究センターの主任になってから、彼は日本との関係については毎年一回の大型の研究会の他に、五、六人を選んでの小型座談会を開催して、英語で交流して、一定の問題についてさらに深く検討する場を持ちたいと考えた。実は、蔡維屏の提案の原点は悪くないが、彼は、研究会に両国代表が百名以上参加していると認識しており、それに加えて外部から二百人もの学者が加わればば、騒然とした「お祭り」のようになり、成果は大きくないと思っていたのである。

蔡維屏の意図は悪くないが、第一回の座談会の時、中国大陸問題の日本の専門家が六人招かれたが、その中の一人は『Japan Times』の編集長で、彼は個人的に蔡維屏に依頼して招待されたのだが、蔡維屏は彼と英語で会談を始め、その後も英語での討論会としたところ、その場にいた他の日本の学者は理解できず、内心で非常に不快に思い、尊厳が傷つけられたと感じたため、場の空気が悪くなった。その会合の後で、日本側は、これ以後は同様の会議には参加しないと述べ、蔡維屏の指導下の国際関係研究センターとは交流したくないと申し出たのである。

このほか、もう一件非常に残念なことがあったのは、研究会を主宰した台湾側のメンバーの一人が、日本の参加者に、彼らの待遇がアメリカの学者の待遇と同じではないということを私的に伝えたことであった。アメリカの学者が台湾に来て会議に参加するときには圓山大飯店に宿泊して、各部屋にはフルーツが贈呈されていたが、日本の学者は国賓大飯店で、団長の部屋だけにフルーツの籠が用意されていた。日本側は、これを知って非常に憤り、尊厳を傷つけられたと感じて、これ以後、我々と再び共同で研究会を持ちたくないと表明したのである。日華大陸問題研究会議は、このようにして二年間停止した。

このため、私は何度も日本に赴き、彼らと意思疎通を図って、紛糾の解消に努めた。当時の駐日代表は馬樹礼（一九七三年～一九八五年）であったが、この膠着した局面を打開するために尽力してくれ、ついに誤解は氷解して、研究会が復活開催されることになった。

当時の日本人が受けた英語教育では、英文読解を重視して、次いで英作文に努力するので、ヒアリングやスピーチはあまり重視しないから、会議が通訳なしにすべて英語で行われると、日本人は尊重されなかったと感じたのである。私は彼らの気持ちがわかったので、何度か日本に行って斡旋にあたり、国際関係研究センターの主任が交代すると（張京育、一九八一年五月～一九八四年八月）両者間の感情的問題は解決した。

日華大陸問題研究会議は、その後は継続して開催された。ただし、後には国際関係研究センターが真剣に取り組まなかったため、日本側から私に対して、会議中には会場の大部分が日本の学者で、国際関係研究センターからは何人も参加しておらず、昼食時になると大勢が姿を見せるというのはよろしくない、このような会議ならもう開催しないと言われた。私は、国際関係研究センターの会議担当者にこれを伝えたが、彼は、メンバーに会議への参加を推奨することはできても会議への参加を命令する権限はない。それでも会議は毎年開会され続けたが、しだいに困難になったように思う。

しかしながら、私は日華大陸問題研究会議には、終始特別な気持ちをもっていた。私は第一回の会議から参加していたので、元老中の元老となり、第三十回まで、研究会を主宰する幹事団の一員だった。三十数年の間、一度も欠席しなかったのは、日台双方でも私一人だけである。

当初は、このような会議には間違いなく非常に大きな効果があった。アメリカには中国問題研究者でも中国語ができる人は多くないし、大部分はソ連問題の専門家から転身した人、あるいは副次的に中国問題を研究する人だけだった。しかしながら、日本の状況はこれとは違って、中国問題研究の日本の学者の多くは、中国に対して非常に深い研究の基礎を備えており、中国語も理解しており、さらに一部の人は我々と同じように中国語（北京語）を話すので、アメリカと日本との中国大陸問題研究会議の研究の深さを比べれば、日本との会議の方に深みがあった。それで、私は日台の会議を中断しないように主張していたのである。ただし、外交部は、三十数年も開催した結果、参加者は老人ばかりになったと思っていた。しかし実は、毎回新しい参加者がいて、決して老人ばかりになることはなかったので、私は極力、継続するようにと主張した。一つの会議が三十数年継続することは、国際的に見ても非常に珍しく、貴重な惜しむべきものであった。

日華大陸問題研究会議は三十数年続いて、二〇〇五年に「アジア太平洋研究会議」に改称して、中国大陸を含むアジアに研究領域を拡大することになった。

3　情報交流

私が調査局に在職していた期間、日本で開かれる会議に参加したほかには、海外に出ることはなかった。日本と我が国とが国交があったころ、毎年、二人か三人が会議に招待されたので、通常は国家安全局の処長と、調査局から一人、情報局から一人を送り出して、訪問団を形成していた。一九六六年五月に、私が初めて日本の公安調査庁の要請による訪問団に加わったとき、団長は国家安全局第四処の呂処長が務め、そのほか副処長と私との三人で東京と大阪を訪問した。これは一九四六年に日本から台湾に戻って以来、私にとって初めての訪日であった。

当時の情報交流では、私たちには一つの決まったやり方があった。中国が改革開放をする以前には、非常に閉鎖的で、それゆえ情報資料を得ることはたいへん困難だった。我々は、他国と「匪情交流（中国共産党問題での情報交流）」を進めたが、国防部情報局は毎日四種の発行物を出していた。その一つは『共匪広播輯要』、二つ目が『共匪地方広播輯要』、三つ目が『中共対台広播輯要』そして最後が『モスクワ広播輯要』であった。当時、外国と情報交換をするのに、これら四冊の情報量は多く、彼らは関係情報が欠乏していたから、非常に満足してくれた。それゆえ、これら四種の刊行物が、情報交換における我々にとっての主要部分となっていた。

しかしながら、中国が改革開放になると、他の国でも中国情報や関係資料をきわめて容易に入手できるようになり、このようなやり方は通用しなくなった。それで、私はかつて国家安全局長に、外国との情報交換の時に、中国共産党の原資料を提供すれば、相手からの信頼を得られるだろうし、我々がこの交流を非常に重視していると示すことができ、また、同時にgive and takeで、彼らからも何かを得ることができる、と建議した。しかしながら、この提言は実行されなかった。

もし我々が国際的な情報交流を有効に機能させようとすれば、相互信頼と互恵の原則で、積極的に情報源を開拓し、その手を緩めるべきではない。そこで以下に二つのルートについて検討する。

その一つは、台湾からは毎年二百万から三百万人が中国大陸へ行っているが、これらの人々は大陸で専門家としての目や耳を持っていない。情報活動の立場からいえば、これは実にもったいない。

かつて鄭心雄が国民党中央党部大陸工作会主任を務めていたとき、鄧文儀が大陸で鄧小平と会談して、メディアが報道することにもなった。そこで、私が鄭心雄のオフィスに行き、これを話題にした。私は、彼に鄧文儀と鄧小平はモスクワ中山大学の同窓生だから、二人がどのような話をしたか、鄧文儀に尋ねるべきだと提案した。鄭心雄は、誰が行くのが適当だと思うかというので、私は、あなたが自分で行くのが一番よいと答えた。鄭心雄の父親は鄭介民で、鄭文儀の同輩であり、それゆえ彼が会いに行くのが最もよかった。すると鄭心雄は会いに行ったので、二週間後に、私がまた鄭心雄のオフィスに行くと、私が入るやいなや、鄭は「いやはや！　あなたのこの前の話で私は行ったのだが、鄧文儀の話は、年老いて支離滅裂でわからなかった！」と言った。私は、鄧小平が、痴ほう症の老人と会うなどは信じられないことで、これは「小特務」が「老特務」に騙されたのであって、みすみす情報をとり逃したのである。

このようなことは、情報の収集のときに良くあることだ。中国から見ると、中国に親族訪問、商取引、観光などで訪問する台湾人は「工作対象のお客さん」だから、絶対に彼らの「政治工作」に気を許してはいけない。

第二に、改革開放の前には、費用はわずかなのに、中国各地の地方新聞を揃えて購入することができず、部分的にばらばらに購入するだけだった。しかし、地方新聞と中央の新聞の内容は同じではないので、地方の情報についてぜひとも我々は理解すべきだった。改革開放以後には、地方新聞もネット上で見られるようになり、ネットで数百もの地方新聞の内容を見ることができる。現在、たった十人、二十人の専門家がこれら地方新聞を閲読しているが、この中には非常に価値のある参考資料がある。担当部局ではすぐに「人がいない」という。しかし、私は人手が足りないというのは言い訳に過ぎないと思う。私に言わせれば、これらは、「政治的サボタージュ」と関連があるのではないかと思う。

六、「転向者」の心の重荷の解放

中国共産党情勢研究に従事する私のような「自新人員」、つまり日本語のいわゆる「転向者」は、総じて内心に十字架を背負っている。我々は、もともと社会主義、あるいは共産主義、マルクス・レーニン主義などを信奉しており、その理想を実現すべく努力していた。逮捕されて転向すると、政府当局は「自新人員」と称して用いるが、我々の心中には自分で納得できない気持ちが存在しており、始終、釈然としないのだ。しかし、後ろめたいというわけではなく、自分は「背教者」だと自覚していて、これが心理的な重荷になるのだ。

しかしながら、中国共産党研究に従事したことで、私の人生に最大の影響をもたらす、私の内面の世界に突破口を開く事件が起きた。それは一九五三年のスターリンの死後、半年もたたずにベリア（Lavrenty Pavlovich Beria　一八九九年三月〜一九五三年十二月、ソ連国家安全及び警察機関の首脳）が粛清される事件が起きたことだ。ベリアは特務工作を担当しており、ソ連の二代目の最高指導者として、スターリンに次いで非常に巨大な、生殺与奪の権力を掌握したが、「帝国主義の代理人」「戦争屋」あるいは「売国奴」という罪状で粛清された。

特務のトップが帝国主義の代理人とされるというのは、実に不思議なことだ。後から私がベリアの言動を捜査した資料を翻訳したところ、実はそのような罪名ではないことが明らかになった。このことは、私自身が共産党の真実に目覚めさせるきっかけとなり、同時に、私の心の中の鎖を完全に解き放つことになった。

翌年（一九五四年）、中国で「高崗事件」が起きた。高崗（一九〇五年～一九五四年）は、中国共産党中央東北局書記兼東北行政委員会主席であり、東北地方の指導者であったが、一九五四年に粛清された。高崗は、陝西省北部延安一帯での共産党の地下活動の創始者で、毛沢東が江西から陝西省北部に逃亡すると、高崗が扶植したこの地方の共産党勢力が頼りになった。毛沢東は高崗の地盤を利用するため、大集会において「過ちを犯さない優れた幹部」として高崗を賞賛した。中国共産党が東北地方を占領してから、毛沢東は高崗を指導者として派遣したが、一九五四年、独立王国を打ち立てようとしたとして、共産党への反逆の罪で糾弾した。こうした党内闘争は、非常に激烈なもので、共産党は、表向きは革命のために同志相互に批判せず、分裂せず、共同で奮闘するという理想を掲げていても、こうした表面の言い方と実際の行動とは完全に異なっているのである。

文革の時期、劉少奇（当時の中華人民共和国主席、一九五九年四月～一九六八年十月）は、「反逆者」「内奸」「労働者の賊」などと呼ばれて粛清された。しかしかつての劉少奇は、中国共産党第七次全国代表大会（一九四五年四月～六月）において「毛沢東思想」を党綱領に入れるように提案したので、毛沢東が劉少奇を「白区工作路線」の創始者にしてよき実行者であると讃えていたのである。かつての親密な戦友が突然、「反徒」として指弾されるようになるのだ！

ベリアの粛清、高崗や劉少奇の粛清など、一連の事件は、共産党内部では、不断に権力闘争が継続しており、彼らが「マルクス・レーニン主義の真理」と言ったり、共産党の理想などといっても、それは全て虚構であって、「教義」でもなければ「道理」でもないのである。こうした共産党の真の姿は、私が自由、民主の道を行き、共産党に背くことは何ら疚しさを感じるべきではないことを、改めて肯定せしめるものであった。それゆえ中国共産党情勢研究は、私が「自新人員」であることからくる心理的重荷をきれいさっぱり取り去るものとなった。このようなことは、一般の人は経験しない特殊な心情である。

この四十年、五十年の共産主義情勢研究は、一面において私自身を救済するものであったが、また非常に着実な人生を歩ませる元となった。しかしこれとは別に、私がこの分野の研究から離れたいと思わなかったのは、私個人の想いがあったからだ。先述の通り、今日、国内において私のような中国共産党情勢研究者は非常に数が少なく、その一人が退職して中国共産党情勢研究から離れてしまえば、これを続ける人はもういなくなってしまうからである。

七、中国共産党の「残虐性」の由来

およそ国際共産主義（コミンテルン）は、マルクス・レーニン主義を標榜しており、共産主義社会の建設を終極の目標としており、また、同時にレーニンの組織理論に基づいて組織を打ち立てていて、各共産党、共産主義者、活動家の間でなんらかの差があるべきではない。しかし、現実はこれとは異なることは、国際共産主義の中でも、また中国共産党においても明らかである。例えば、ソ連共産党の内部で、共産党が政権を打ち立てて発動された政治闘争、中国共産党内の権力闘争は激烈であり、異分子を鎮圧し、数千万人の無辜の民を殺害した。中国共産党の暴虐さ、共産党幹部が「私的に権謀術数を図り」汚職を働くことは非常に悪質で、一般の「民衆とは異なる」ことを明確に表している。

その残虐性について言えば、国際的に中国共産党問題あるいは中国問題を研究している学者、専門家は一致して、これを中国共産党の特徴の一つとして指摘し、同時にこの原因について究明を試みている。たとえばアメリカの中国問題専門家のフェアバンク（John King Fairbank）は、皇帝時代の暴虐性を引き継いだものだと指摘している。しかし、歴代皇帝のすべてが秦の始皇帝のような暴虐にして仁なき様相を呈しているわけではない。しかも毛沢東は自ら、自分は秦の始皇帝より百倍も強く、始皇帝が焚書坑儒で埋めた儒者はたかだか四、五千人だが、自分が反右派闘争で粛清した知識人は四、五十万人だと誇っているほどだ。

この問題については、私は様々な角度から久しく考えた結果、最終的に、中国共産党員の階級成分に答えがあると結論づけた。中国共産党の党建設の理論および現実においては、「革命の主力」は、労働者階級、小作農、貧農および浮浪者である。西洋諸国の共産党は、産業労働者をもって革命の主力としたが、中国共産党は中国の現実の状況に合わせて、主力となる社会階級の拡大解釈を行った。いわゆる小作農は「農村中の無産階級」であるとし、貧農は多少の生産手段を具有しており、自由な労働にも従事する「農村中の半無産階級」とした。これは無産階級の拡大解釈であるが、それより問題なのは浮浪者である。

西洋諸国の共産党は、このような浮浪者を革命の主力とはみなさず、革命の破壊者か反動勢力と考えている。浮浪者の特性は「誰でも乳を飲ませてくれる人は母である」というもので、本来は「革命の対象」であって、資産階級が革命に対抗する主要勢力として雇い入れる存在であった。破壊性と残虐性が浮浪者の特性である。一九二七年以後、中国共産党は各地で農民暴動を発生させるが、そのときには現地のやくざ者やごろつき等の浮浪者を集め、主要勢力とした。これ以後、中国各地のソビエト政府が地主との闘争を進め土地を分配する過程において、いわゆる「絶対平等主義」による暴力的行動の残虐性や、さらには中国共産党政権が成立してからの土地革命あるいは文化大革命における国内のさまざまな闘争において発生した虐殺は、他国の共産党とは異なる中国共産党に独自のものである。

また、中国共産党政権成立後、一九五〇年代初期の「反汚職、反浪費、反官僚主義闘争」(三反運動)の開始において、「反汚職」「反浪費」というのは全て内部闘争の口実であって、これ以後も幹部の汚職や腐敗は減少することはなく、かえって増加するばかりで、その規模も不断に拡大している。特に、最近十数年というもの、中国大陸では「汚職・腐敗を摘発しなければ国が亡びる」「反汚職・反腐敗を徹底すれば共産党が亡びる」といった言い方が流行している。言い換えれば、党内で徹底的に反汚職、反腐敗の闘争を行ったら、粛清の運命から逃れられる党員は一人もいないということである。これが中国共産党の一党独裁であり、「党の絶対的指導」には必ず従うという体制の現実なのである。

しかしながら、人民は必ず共産党の絶対的指導に従わなければならないが、党員は新たな統治階級となって、「権力の乱用」によってその欲望を実現することができる。このような体制の下では、党内の階級が高くなればなるほど、権力が大きくなり、汚職の程度も悪質となるのであるが、同時に、幹部同士は互いに庇い、守り合うので、取り締まりはできないのである。

　このような一党独裁体制の下で、党は新たな統治階級を構成するようになり、権力は勢力となり、入党の動機は不純なものと化す。中国共産党政権の成立前には、共産党に入党する人は、命の危険を冒して党員となるので、誰でも理想や正義感から入党した。しかしながら、政権成立以後は、共産党に入党する動機が、特権を得て「権力を乱用し」「公に名を借りて私腹を肥やす」ことである人が少なくない。これゆえ、共産党の反汚職、反腐敗闘争は効果があるはずがない。

八、中国共産党研究の苦境

私個人は、共産主義事情の研究で半世紀を過ごしたので、共産党について一般の人より認識が深くなり、詳しくなった。しかし多くの人が共産党情勢の研究は「邪道である」と考え、学問とは言えないと言い、思想教育の手段に過ぎないと見なされてきた。このような事情で、長期にわたる中国共産党事情研究とその教育の過程には困難なことが少なくなかった。

1　重視されない中国共産党事情研究

一九六〇年代末期から各大学で中国共産党事情についての教育が始まるようになる前は、この研究は情報機関の中で行われていた。当時は、左翼の書物は発行禁止で、一般人は読むことができなかった。各種の情報機関では、いずれも中国共産党事情の研究が行われていたが、重視されることはなく、その他の活動と比較すると、予算においても人員の数や人事配置においても相応に扱われていなかった。

調査局の場合、中国共産党事情研究の担当者は、昇任人事において不利に扱われることが多かった。あるいは私自身は中国共産党事情研究に関心を持っていたが、研究処に配属になる人の多くは、何かミスを犯したか、他の部門で歓迎されない人であった。多くの人は、陰では、第四処の連中は書き写すばかりで、あれなら誰でもできる、と悪口を言っていた。このような劣悪な条件の下で、真剣に研究活動をすることは容易なことではなかった。

2　組織横断的協力の困難さ

翁文維は、調査局長に任ぜられると（一九八四年七月～一九八九年五月）、中国共産党情勢研究は局内の他の部署と相互に協力して行うように強調した。同時に、第一処は大陸の情報について、必ずまず第四処の意見を問うこと、第三処の防諜工作を担当する人員は、中国共産党情勢を理解しなければならず、そのために毎週一回中国共産党情勢座談会を開催し、第三処の人員は必ずこれに参加しなければならない、と指示した。このような指示は、正しいのだが長くは実行されず、行き詰まってしまった。たとえば、第一処と第四処とが香港から得た情報について会合したとき、私が、某年某月某日の香港の某新聞に記載された情報として紹介すると、第一処の処員の顔が曇った。実際、調査局は香港に工作員を派遣して、毎日たくさんの新聞を購入し、閲読して、その記事を元に資料を作成している。

日本からの情報も、同様の状況にある。大陸情報担当の第一処に対して、研究処である第四処が情報を提示し、意見を言う事は、第一処にはメリットがない。もし私が示した情報が、事前に上部に伝わっていないとすると、第一処の職員の情報収集と業績が評価されないことになり、「飯の食い上げ」になる恐れがあるからである。

3　資料管理と研究の相互支援

私が第四処に勤務していた期間には、研究にあたる職員には資料の状況について熟知するように、また資料管理の職員には研究の方向と重点について知っておくように常に強調していた。私は特に資料管理の担当者にも、自分の関心あるテーマを選んで研究を進めるように励ました。もし研究担当者が資料を熟知していないと、さらに多くの資料によって研究を進めることができず、成果も上がらない。また、資料管理の人たちは、半分は暇つぶしの本でよいから、暇があれば本を読むべきなのだ。

4　基本理論を軽視する研究者たち

中国共産党情勢研究を始める道筋にはいろいろあり、ある人はマルクス主義の理論から始めるし、ある人は歴史から取り組み、またある人は中国の現状と台湾海峡両岸の関係からスタートする。かつて、私が政治大学東亜研究所で授業を持っていた頃には、毎年必ず学生たちには、この分野の基本理論書として何を読んだか、例えばレーニンの『帝国主義論』『左翼小児病について』『一歩前進二歩後退』『国家と革命』『レーニン選集』など、スターリンの『ソ連共産党史』『レーニン主義の基礎を論ず』、あるいは『毛沢東選集』『鄧小平文選』などを読んだかどうか質問した。学生たちの答えはだいたい同じで、一部は読んだけれど、全部は読んでいないというものだった。しかしながら、中国共産党情勢の研究には、ある一方面の研究を進めるにも、広く関連する基本理論書を読まないと良くない。

つまり、基本理論書を読破してこそ、中国共産党情勢研究を深めて、共産党について正確に認識することができるのである。

第九節　中国共産党情勢の教育

一、中国共産党情勢教育の推進

台湾の中国共産党情勢教育（匪情教育）は、一九七〇年代に進展を見せるようになった。まず、一九六八年、政治大学に東亜研究所が設立され、それから一九七二年に中国文化大学に大陸問題研究所が設置された。数年後に、蔣経国の指導の下で、中国国民党中央委員会文化工作会（略称：文工会、中国国民党文化伝播工作委員会の前身）と教育部の協力で、国内の各大学において中国共産党情勢の教育が進められることになり、文工会が経費を補助した。当時の中国共産党情勢研究は、歴史、理論（マルクス・レーニン主義等）、党史、経済、文化、教育等々の単元に分けられていた。これらは、まず国立大学で実施し、それから私大にも普及させた。

私は、あちらこちらの学校に派遣されて授業を行った。当時、台湾大学と新竹の交通大学、清華大学で授業を持っていた。午後四時から六時にまず交通大学に行って授業をし、それから清華大学へ行って夕食を食べ、午後七時から九時まで授業をして、午後十一時に家に帰るという状況が何年も続いた。台湾大学では、毎週一回、政治系、経済系、哲学系で教えていた。このほか、政治大学東亜研究所が成立すると第一期から、私は兼任教授の身分で授業を担当し、四十数年に及んだ。その後、多くの修士課程の学生の指導教授となると、非常に忙しかったので、清華大学と交通大学の兼任は辞退して、若い学者に代わってもらって、台湾大学と政治大学東亜研究所の授業だけとなった。東亜研究所で教えていた期間が最も長く、博士課程が成立すると、博士課程でも授業を担当した。

大学の授業を通じて出会った学生は少なくないが、当時は、多くの学生が論文を書く時に薈廬資料室の資料を用いたので、私が指導教授でなくても、そのテーマによってどの資料を見るべきかを教えた。このおかげで、今日でも多くの人が私を「曽先生」と呼んでくれる。一番初期の学生といえば、趙春山、施哲雄などは政治大学東亜研究所の一期卒業生だが、今では皆学問上の孫弟子を抱えている。そのためか、総統府に勤めるようになってから、秘書長も副秘書長も、「曽先生」と呼ぶので気恥ずかしかった。

このほか、調査局の幹部訓練所でも授業をしており、第一期から中国共産党情勢研究を担当して、今までに四十期余りを教えてきた。初期の授業時間数はかなり多く、一年間に四十、五十時間の講義をしたが、その後何年かたつと若手の先生も来るようになったので、私の授業時数はしだいに減少した。退職して総統府に移ってからは忙しかったので、二、三年は授業を持たなかったが、その後再び講義を担当した。一期は十時間ほどであった。

私の下には、調査局の職員が、在職のまま政治大学東亜研究所に学生として派遣されて、有給で学ぶこともあった。私が第四処の副処長あるいは処長のとき、編纂科はたいてい六、七人を修士課程か博士課程に送ってきた。私が辞めてから、状況には変化が生まれた。一面では、私が調査局を辞めてから、第四処への人員の派遣は非常に少なくなった。他の部署に配属された方が実績を挙げるのが容易で、昇進が早い。これに対して、第四処では実績を挙げるのが難しく、昇進も容易ではないから、第四処は他の部署より軽視されるようになった。また、会計室などの部署は、調査局の職員はそもそも給与を得ているのに、なぜ改めて原稿料をもらうのかというわけで、原稿料の制度に反対であり、原稿料はしだいに低くなって、聞くところによると今では支給されないようだ。

初期には、蔡孝乾、洪幼樵（中国共産党経済担当）、陳澤民など保密局（国防部情報局）の多くの人が、中国文化大学大陸問題研究所で授業をしていた。このほか、中国共産党のイデオロギーと文化教育には玄默（本名　余延苗）、中国共産党の党政については項迺光がいる。項は、保密局の中国共産党情勢研究室主任で、中國文化大學大陸研究所の所長を兼任した。私もここに授業に行ったことがあり、学生の論文指導もした。このほか、淡江大学中国大陸研究所比は較的に後から成立した（一九九二年九月）が、最初の主任は黄天中であった。

当初は、政治大学東亜研究所、中国文化大学大陸問題研究所、淡江大学中国大陸研究所では、教員

および教材に課題があった。教員については、調査局と情報局から、中国共産党情勢研究の人員が派遣されたが、そのすべてが教育者として向いているわけではないので、教員が不足するということが長期にわたって課題であった。教材資料については、調査局と情報局の中国共産党情勢資料室と国際関係研究所の図書室が収蔵する書籍と資料のほか、政治大学東亜研究所もレーニン主義に関する主要論文を編集していた。

二、共産党を正しく認識する

なぜ中国共産党情勢の教育をするのかというと、もし中国共産党情勢について語り合うことを禁止すれば、外国に行った人が、それまで見たことのない資料を見て、政府や教育部が大衆をだまして、愚民教育を施したと知るだろう。それゆえ公開しないことはできず、皆に共産党の状況を知らしめるべきなのである。

あるとき、内政部が中国大陸の行政区画についての会議を開いたとき、当時、私は副処長の身分で調査局を代表してこの会議に参加していたが、討論の教材として、鉄道建設が進んだことを含む新資料を用い、中国大陸の現在の行政地図と照らし合わせて最新の状況に対応したものを用いるか、旧来の三十五省の行政地図を用いればよいか議論された。私は、中国の現在の実際の状況を明らかにすべきで、そうでなければ外国に行ったときに間違いに気づくことになると論じた。しかし、多数の人は反対で、それでは中華人民共和国を肯定して評価することにならないかと言った。そこで私は、事実は事実だと言った。

事実を語らず、学生をだまして、良い結果が得られるはずがなく、実情は公開すべきなのだ。この件では内政部次長主催の会議において、元来の三十五省の行政地図を用いることが決まり、元来の中華民国の版図、鉄道建設などの資料は改訂せず、新しい資料は教師には提供するが、学生が見られるようにはしないこととした。当時のやり方はこのように非常に不合理であった。しかし、最終的に永久に隠しておくことはできない。多くの学生が出国してから騙されたことを知って、政府に反対するようになったのは、こうしたやり方が一因である。その後、しだいに政府はやり方を変えることになった。

中国共産党情勢の教育については、学生はさまざまな細かなことまで知っていたが、しかしながら共産党を正しく認識することはできなかったし、共産主義を知らなかった。甚だしいのは、多くの学生が反共教育は宣伝に過ぎないと思っていたが、実はそうではなかった。

毛沢東が二度目のモスクワ行きを果たした際、会議を前に、毛沢東はネール（ジャワハラール・ネール、一九四七年八月〜一九六四年五月インドの初代首相）と会談したが、ネールは毛沢東に対して、何としても第三次世界大戦を防がなければいけないと述べ、もし第三次世界大戦が始まれば、必ずや核戦争になり、人類は大部分が滅亡してしまうから、毛沢東も世界平和のためにともに努力すべきであると言った。これに答えた毛沢東は、「あなたの発言の前半は正しい、未来の戦争（第三次世界大戦）は必ずや核戦争になるだろう。しかし後半は間違っている。核戦争となっても、人類は絶滅することはなく、核戦争の廃墟の上に燦燦たる社会主義の世界が出現するのだ」と述べた。つまり、核戦争で十億人が死んだとしても、生き残った人々が新たな社会主義世界の建設を進めることができる。毛沢東は、十億人が死んでも良いと言ったのだ。

当時、我々はこのような情報を得ていて、国際的に広く宣伝したが、どの国もこれを真実だと思わず、我々が捏造したのだと思われた。毛沢東が、核戦争を恐れず、十億人が死んでも、生き残った人が社会主義のために奮闘して、光り輝く社会主義の世界を建設するなどと妄言を述べたと一つの国も信じなかった。しかし中国で文化大革命が勃発してから、中国共産党中央が『毛沢東思想万歳』という二冊本を出版して、それまで未公開だった毛沢東の発言を収録したが、その中にこの件があった。国際関係研究所は、この資料をコピーして、主要な図書館や共産党を研究している学者に送付した。一国家の指導者が、十億人が死んでも、動揺することなく、むしろ良しとして、その死後に一つの光り輝く社会主義の世界が出現すると言って、戦争を称揚したのである。共産党にはこのような考え方、言い方があるが、多くの人は信じない。しかし事実なのだ。

このような事情で、一般の西側国家の考え方はまるで正確ではない。ここにまた私の頭脳を悩ました一つの問題がある。西側の学者と懇談したとき、我々は中国の軍隊、つまり人民解放軍は、中国共産党中央軍事委員会が指導しており、これは党の軍であると言った。しかし、西側諸国の学者はこれを信じず、それなら証拠を出すようにと我々に要求する。西側の学者は皆、中華人民共和国憲法を根拠として、中国の武装力は国家主席が指導するとされているので、我々が中国の軍隊は共産党の軍隊だというのは間違いであると主張する。西側学者は中国の憲法に依拠しているが、我々が党中央の軍事委員会が軍隊を指導していると述べるとき、法律条文に定められた証拠はない。

しかしながら、この争いは文化大革命が発生してから解消した。文革の爆発後、毛沢東は以下の四つの機関に命令を下達した。その一つは、中国共産党中央、国務院、中央軍事委員会と中央文化革命班（小組）であるが、これらは陳伯達、江青などが指導する機関である。それぞれの部門には、党中央が主管する共産党の組織系統があり、国務院が行政機関を、中央軍事委員会が人民解放軍の各種部隊及び各地駐在軍を、そして中央文革小組が民衆の革命組織を主管する。つまりは「造反派」であった。ここに中国共産党「中央軍事委員会」という名前が表舞台に出てきたのである。それで外国の学者も中国の軍隊は中国共産党中央が指導していると信じるようになった。しかし、西側国家では、中国の軍隊も現在は国防軍に変化を遂げて、もはや党の軍ではないという。

このほか、論争となった問題は、西側諸国は共産党内には権力闘争はなく、あるのは政策論争だけであると考えていたが、我々の共産党研究では権力闘争を非常に重視していたことである。西側諸国は自分たちの基準で判断していたのだ。文化大革命のときに劉少奇等がなぜ粛清されたかについて、西側学者は、毛沢東と劉少奇の路線闘争であると考え、権力闘争ではないと述べているが、我々は権力と路線とを分けて検討した。このため、両者の見方はこの点では一致しなかった。

中央集権国家では権力闘争が非常に激烈であり、集権であればあるほどそれは激しいものになる。我々の見解では、それは中央集権につきものなのだ。

三、中国共産党の統一戦線を理解する

李志綏の『毛沢東の私生活』によると、毛沢東はまさに皇帝のようであり、頭の中は帝王の思想に満ち、マルクス・レーニン主義は片隅に追いやられているようだ。毛沢東のやり方は、皇帝とほとんど変わらないが、表面にはしっかりと工夫がしてある。

私が総統府に奉職して以後、新聞局が「毛沢東伝」のビデオ三十数巻を送ってきて、ある放送局が放送しようとしているということで私に審査を求めたことがあった。そのビデオは一九四九年後半から始まって、中国共産党が「政治協商会議」を開く準備をし、「新中国」を建設する前の時期が描かれていた。当時は、中国共産党は、香港あるいは外国から、沈鈞儒、章伯鈞、章乃器などの「民主活動家」や「社会エリート」を多数、北京の政治協商会議に参加させようとした。毛沢東は、どのようにこれらの人々をもてなしたのだろうか？　毛沢東は、自ら車を運転して彼らを迎えに行き、周恩来が自ら車を運転して彼らを送り届けた。円卓での宴会のとき、毛沢東は自ら料理を一人一人にとりわけた。このような態度は、彼ら一人一人を、毛沢東に心服させることになった。

ところが、このようにして政治協商会議と「連合政府」に加わった「民主活動家」や「社会エリート」は、一九五七年になると、「反右派闘争」において「反党」や「反社会主義」など右派分子としての罪名によってすっかり粛清されてしまった。

これが統一戦線工作であり、表面はきれいに飾り立てて、非常に誠意があるように相手に思い込ませる。それは表面だけなのだが、真実の目的あるいは作用について深く考える人はいないのである。

「統一戦線」「武装闘争」と「党の建設」は、共産党の「三種の神器」であり、政権をとるために彼らを頼りにし、政権を強固にするためには彼らに依存する。いわゆる「統一戦線」は、共産党の「矛盾を利用して、多数を獲得し、少数に反対し、各個撃破する」という策略のことである。共産党の勢力は、実はいつでも、政権を掌握した後でも、必ず少数なのである。彼らは革命に従事するにも、建設に従事するにも、社会の各種の非共産党勢力、時には敵対勢力とも競い合って、一時的な性格の政治連盟と同盟軍を形作り、自らの勢力を大きく見せかけ、少数をもって多数とするのである。中国共産党について言えば、抗日戦争の時期と国共内戦の時期に統一戦線戦略を実践したことで、策略に成熟するとともに、運用の妙を得ることができた。中国共産党の統一戦線戦略の運用は、以下のいくつかの原則が特徴であり、我々が注意しなければならないことである。

一．「主要な敵」（現在の敵）と「二番目の敵」（明日の敵）を分けて、打撃を受ける可能性を小さくして主要な敵との戦いに集中する。主要な敵が消滅したあとで、今度は「二番目の敵」を主要な敵として、これと戦い消滅させる。

二番目の敵を採り込むために、彼らは「異中に同を求め」あるいは「異を残して同を求め」る方式で、「動員可能な勢力をすべて動員し」「組織できる勢力はすべて組織する」のである。同盟軍を得ようとするとき、これらの人々は共産党員ではないから、それゆえ必ず共産党の「最高綱領」を隠蔽して低姿勢をとり、相手方が受け入れることができる言い方を用いる。「独裁反対、民主実現」「愛国」「平和」「自由」「民族の大義」「愛国無罪」「連合政府の組織」「民営工業・商業の保護」「公営、民営いずれも尊重し、労働者と資本家双方が利益を得る」等といって、異なる立場の人々を動員し、組織するのである。

対日戦争中には多くの自由主義者の学者と文化人が、「独裁反対、民主実現」というスローガンによって、共産党の同調者となったが、「反右派闘争」では、それらの人々は「反党・反社会主義」の「主要敵」となって、粛清されたのである。民間の商業・工業者を味方につけようとすれば、「公営、民営いずれも尊重し、労働者と資本家双方が利益を得る」というスローガンの下、少なからぬ「民族資本家」を動員し組織化して、「赤い資本家」にした。しかし、一九五三年から一九五七年にこれらの私営工業・商業者は、「社会主義改造」の名をもって完全に国有企業に併呑され消滅させられた。これらの統一戦線戦略は、現在も台湾と台湾同胞に対して実施されている。

二．統一戦線戦略の対象に含まれない者はない。一九八五年五月、中国共産党中央書記処が提出した統一戦線工作強化の意見によると、以下十種の対象が挙げられている。（一）いわゆる民主党派の人物、（二）無党無派閥の民主主義者、（三）政党に所属しない主要な知識分子、（四）元の私営工業・商業者、（五）革命蜂起に参加したことがある元来の国民党政府、軍の人員、（六）少数民族の指導者、（七）宗教界の人物、（八）台湾に移った人の家族や親族、（九）香港、マカオの同胞と台湾の同胞、（十）帰国した華僑と海外華僑、以上である。このうち、台湾と関係があるのは（五）、（七）、（八）、（九）、（十）であり、非常に広範である。

三．「一方で叩いて、一方で引き込む」と「表で叩いて、裏で引き込む」といったやり方は、容易に見抜くことができない。一般人は、総じて共産党が叩いているのが彼らの「主要な敵」だと思っているが、それはその時点で叩くべき人だというだけである。しかし、実際には、「一方で叩いて、一方で引き込む」というやり方で、「叩く」のは「引き込む」ためである。

例えば、中国共産党政権が成立した初期、胡適はこのような手段をとられたことがある。一九五一年、五二年の中国共産党は対知識分子階級の「思想改造運動」を全面的に展開して、学内で同僚対同僚、学生対教員、家庭内では子供対親などの闘争が進められた。この闘争において、中国共産党は『胡適思想批判』の数冊を出版し、元の胡適の同僚、友人および学生を組織して、胡適批判の文章を書かせ、胡適を「アメリカ帝国主義の代弁人」「反動の学術的権威」などと指弾させた。同時に、中国共産党は、胡適の友人の曹聚仁およびその他二、三人から、あなたが「大胆な仮説、注意深い証明」という自分の学問研究の方針に忠実であることが十分に証明された、という手紙を書かせた。

胡適はアメリカから台湾に来て、かつて「蒼盧資料室」を見に来たことがあるが、曹聚仁などが彼に宛てた二、三の封書を取り出して、これが共産党の統一戦線だと言った。その後、これらの手紙は、資料室に参考として保存している。これが、中国共産党の「一方で叩き、一方で取り込む」典型的な事例である。

共産党の統一戦線戦略は、非常に巧妙に運用されるので、美しく飾り立てた言葉で近づき、詳細かつ優れた手法で、我々は簡単に「誠意」があるものと勘違いさせられてしまう。今日の、中国共産党の台湾に対する統一戦線戦略は、ルートが多く、種類が豊富で、警戒してもし過ぎることはない。

四、中国共産党の秘密浸透工作に注意せよ

共産党は、政権を取得するのに腕が立つ人物と筆が立つ人物が必要であった。いわゆる腕が立つ人は、伝統的な軍事武装の力量のことで、筆が立つ人とは、マスコミ・宣伝力を指す。

中国共産党の台湾マスコミに対するコントロールはかなりのものがある。私は、十数年前に総統府に入ってから、この問題を取り上げて、台湾のマスコミへの浸透を止めさせようとしたことがある。また、日本に行った時、日本の新聞記者や編集者と話をして、どうしてマスコミの中立性を保たせるか、という議論をしたが、それは非常に困難だということだった。彼らは私に、台湾のマスコミのほとんどはオーナー会社であり、社長が新聞の主張について命令して、中国共産党を批判するなと言えば、記者はそれに従わなければならず、そうしないと解雇されてしまう。ある日本の記者が、株式会社化すればオーナー企業の経営体質から脱出できるではないかと提案した。それで、立法院と通じて、その実現を図ったが、実現に至らないうちに徹底的に批判されてどうすることもできなかった。

蘇起が新聞局長だった一九九六年六月から一九九七年五月に、彼は私に、おかしなことに気付いたと言ってきた。つまり、彼が主催する座談会や講演会は、その規模の大小を問わず、テレビ局が来て録画する、本当に小規模な座談会でもやはり来るというのだ。私は、笑ってそれはあなたが有名だからだ！　と言ったが、彼はそうではないという。私は、彼に、それは国内の放送用ではなく、大陸に送るためだ、というと、彼は私の見方に納得した。我々の一挙手一投足は、台湾のマスコミを通して全て北京に伝わっているのだ。台湾のマスコミの問題は重大で、中国共産党がコントロールしている

台湾マスコミは少なくない。

このほか、その勢力を見くびっていることを心配している。例えば、中国大陸から台湾に来た人は、秘密のうちに来た人、表立ってきた人、また密入国の人、大陸花嫁を合わせると数十万人に達するだろう。そのなかでどれだけの人数が、密命を帯びて来た人なのか、誰にもわからないし、いかなる機関もそのことを注意していないことが問題なのだ。この何年間かに台湾に密入国した人は数千人、それとも数万人か？ 調べてもいない。当局は、時に三千人だといい、またある時には五千人だというが、本当はわからない。アメリカのＦＢＩの見立てでは、アメリカに来る中国人のおよそ三分の一はある種の任務を帯びてきているということで、彼らはそれを基準として用いて、注意を払っているのだが、我々は注意していない。

このような任務を持ってきた人はうまく偽装しており、身分証も、パスポートもみな偽造である。聞くところによると、中国共産党は福建などいくつかの地方に、すでに「台湾学校」を作っており、発音を矯正して、訓練後は大陸の発音ではなくなるので、台湾社会にもぐりこめるようになる。このようにして台湾に来て、生活して、何か特別なことをするかといえば、とにかく溶け込むことだ。それで、住んでいるところのことは詳しく知ることができる。こうして特別な拠点について詳しく知ることで、ひとたび命令が来れば、活動を始めるが、そうなってからでは対応することは難しいだろう。このような人々は、長期にわたって台湾の社会に潜伏していて、じっと時期を待っているのである。

このような見えない勢力は、日頃は台湾においてただ潜伏していて、一旦大陸中国が動き出した時、一斉に立ち上がるという作戦なのだ。台湾にはたくさんのシンクタンクがあり、近年では軍事シミュレーションが流行しているが、それらの想定にはこうした台湾内部に潜伏している中国の勢力について評価した者がない。我々がこのような敵の実情についての観念に欠けていることが、きわめて重要な問題なのである。

つまり、中国共産党の秘密のうちの台湾社会への浸透には、穴が無ければ入れないから、彼らの「政治的破壊」や「宣伝による破壊」工作に対して、我々は慎重に対応しておかなければならないのだ。

五、中国共産党情勢研究半世紀の感想

半世紀にわたって中国共産党情勢の研究とその教育に携わってきた私のちょっとした心得と感想はつぎのとおりである。

第一に、五十数年間中国問題と中国共産党問題を研究した結果として、自然に私の共産党に対する認識は深まり、共産党の理論的基礎への反論も強固となった。これは感覚ではなく、事実に基づいて、第一次資料、文献から出てきたものだ。薈廬資料室に所蔵の資料は、大いに役にたった。共産党は表面では正しいことを言っていても、完全に二面性があり、多くの綺麗事を言うが、実際の行動はそれと背反したものだ。このことは、共産党の秘密文献の中に非常にはっきりと見て取れる。

第二に、中国問題であれ中国共産党問題であれ、その研究において最大の問題は、多くの人が近道をしようとして、原資料を見ていないことだ。共産党の文献は長大で、何万字もあるのが普通だが、

現在の学生や専門家は、これらの冗長な文献を最初から最後まで読む人が少ない。みな近道をしようとして、二次資料や誰かの伝聞に頼って、研究しようとする。これは本当の研究とはいえず、ただの評論に過ぎない。こうした無責任なやり方は、正しくない。

第三に、私が総統府にいた時、一つの問題点を提起したが、効果がなかった。それは、今の中国問題研究は、両岸関係の問題に集中していて表面的な現象に囚われ、中国大陸の内部情勢や、党政情勢、社会情勢、経済情勢などを研究する人が乏しいのだが、これは本末転倒である。両岸関係についてしっかり研究するためには、中国大陸内部の実際の状況を把握しなければならない。しかしながら、現在の中国問題研究はすべて両岸関係に集中していて、かえって両岸関係についても本質的な研究ができなくなっている。それは表面にとらわれているからである。

第四に、地下党活動に関して、私は現在の中国共産党の台湾における活動は、大陸においてかつて政権転覆活動に従事していたときの戦略と策略に沿って、革命の両面作戦を用いていると見ている。いわゆる革命の両面作戦は、明と暗と、公開と秘密と、武力と平和的手段と、両面を用いることである。また、武装解放でも、武装統一でも、平和解放でも、平和統一でも、台湾内部に一定の自己の勢力を扶植して、上陸作戦にも対応できるようにするのである。私は、こうした問題をないがしろにすべきではないと考えている。内応にはいろいろな形があり、中国共産党が直接に情報工作を派遣することもあるし、中国共産党の同調者やシンパ、代弁人、代理人など、いろいろな役割が考えられる。私が再度強調したいのは、共産党の長期潜伏党員の存在であり、その内応が非常に深刻な問題だということである。この問題を軽視することが、非常に危険なのである。

こういうことをいうと、必ずレッテルを貼られることになる。ある人は、私のことを共産党恐怖症だとか、共産党の力を誇大に評価するとか、彼らは共産党を頭が三つ手足が六本の化け物のように言う、等と批判する。私が、内応の問題を指摘すると、杞憂である、「恐共病」だという。こうした状況では、この方面の研究に取り組む人が出てこないか、この問題を重視する人がいなくなってしまう。それが問題なのだ。

六、中国共産党の長期潜伏者

中国共産党の長期潜伏者については、一つの例を挙げて説明できる。陳儀（台湾行政公署長官一九四五年十月～一九四七年四月）が台湾に来た時、身辺には何人かの潜伏共産党員がいた。福建省の状況は複雑で、一九三〇年代初期には多くの共産党員が来ていて、無政府主義運動を展開していた。私は、これは偽装であると思っているが、実は共産党の活動なのである。これらの無政府主義運動のなかに、陳儀の身辺に入ったものが少なくないので、陳儀が台湾に来た時、こうした秘密共産党員、あるいは無政府主義者を引き連れていたが、陳儀は知らなかったのである。

その中で重要な人物は、台南県長の袁國欽（一九四六年一月～一九四八年二月）、台東県長の謝真（一九四六年一月～一九四七年九月）、台湾省行政長官公署顧問（陳儀の親戚）沈仲九（沈銘訓）等の人々である。袁國欽は二二八事件で阿里山に逃げたが、原住民の鄒族に保護されて、後に中国に逃げ帰った。福建省人民政府が成立してから、民政庁長になっている。

台湾の地下党活動の中で「台湾省工作委員会」を除いて、一連の勢力はバラバラで、福建省やその他の地方から派遣されて来た人々は統一性がなかった。二二八事件の処理において、陳儀に会いたいと庶民が要求しても会わなかったが、これは周囲の共産党の人々が会わないように建言していたためで、最初から会わなかったことが、事件の拡大の要因になったのではないかと思う。

中国大陸で国民党の政権が失陥するとき、多くの国民党の領袖や高級官僚が身辺に共産党の地下工作員に囲まれていた。陳布雷の女児の陳璉は共産党であり、陳布雷は自分の娘が共産党であることを知ったことが、彼の自殺と関わっている（一九四八年十一月）。喬石と陳布雷は親戚関係（喬石の妻の翁郁文は陳布雷の姪）であるが、当時の喬石は上海で秘密連絡拠点を組織していて、それゆえ陳璉が華北に逃亡したときにはその連絡拠点が手配をした。国民党と中国共産党が大陸で戦っていたときのことをつぶさに見れば、国民党の党および政府と軍の高級幹部の身辺に潜伏していた共産党の勢力は恐るべきものだとわかる。

私は台湾の状況について、こういう事実に基づいて心配しているのである。共産党のいわゆる内応外合、武装解放と平和統一、一国二制度において、台湾内部の内応の準備は、非常に高いレベルに及んでいるのだ。こうした内応の実際の行動は、顕著な形である必要がなく、政策に影響を与えたり、情勢を作り出すことでよい。共産党が政権を奪取するには、力を用いるもよし、ペンを用いるもよしである。ペンは文書宣伝、マスコミでの伝播である。現在の台湾のマスコミ界では、共産党が資本を投下している場合が少なくないが、実際にはこうした共産党資本のマスコミは共産党の代理人なのだ。いくつかの台湾のテレビ局は、共産党に代わって活動しているのであり、甚だしきにいたっては、「共産党」以上に共産党的である。いわゆるペンによる活動は成功しているのだ。その他の新聞や雑誌もいうまでもない。

このほか、情報機関でも状況は同じである。陸金堅が回想録に書いているが、沈之岳は共産党が派遣して台湾に来たのである。この例から観ると、、沈之岳が調査局長（一九六四年五月～一九七八年一月）及び国策顧問（一九七九年一月～一九九四年二月）のときに果たした役割を中国共産党の政権転覆のための浸透の原則と方式から理解することが合理的だ。沈之岳は十三年間調査局長を務めたが、その主要な功績は共産党との闘争と政治的防諜を担当する部門の弱体化か廃止であり、これによって現在の調査局は政治的防諜活動ができなくなっている。また、正面から共産党と有効に戦うことができなくなった。これは共産党にとってみれば、沈之岳の非常に大きな貢献である。以前は共産党の情報機関と戦う能力が最も高かった調査局が、その指導者によって政治防諜能力を削除されたことで、共産党の台湾における地下活動の発展に有利な条件が提供されたのである。

沈之岳は抗日戦争勃発の三年か四年後に、軍統局（国民政府「軍事委員会調査統計局」の略称）によって延安に派遣され、抗日大学（中国人民抗日軍事大学）で訓練を受けた。その後、軍統局での活動を続けるはずであったが、結果的に共産党に吸収されてしまい、保密局に戻り、二重スパイになったのである。沈之岳の任務は共産党の勢力を発展させることだけではなく、調査局を支配することだった。調査局は共産党との闘いにおいて大いに功績があったから、共産党としては沈之岳に調査局を抑えこませようとしたのだ。沈之岳が調査局で最初に担当したのは督察室の主任で、一、二年してから内部状況について良く理解して、一旦は別の職務となったが、数年して副局長で戻ってきて、中二組（中国国民党中央党部第二組）副主任となり、最後には調査局局長を担当して、十三年間に及んだ。

沈之岳は調査局長を辞めてから国民党中央委員会社会工作会主任（一九七八年一月～一九七九年一月）となり、それから総統府国策顧問になった。沈之岳は毎日、毎日の各情報機関からの報告と情報資料を受けて、註や意見をつけ、総統に上げるかどうかを決定する上で大きな役割を果した。これによって蔣経国総統の目に触れることになった情報が少なくないので、沈之岳は蔣経国からの信頼を得ることとなった。当時、蔣経国が重用した国策顧問は、他には魏景蒙、汪道淵などである。魏景蒙は国内政治と社会方面の事務を担当し、汪道淵は法律方面の事務を担当していて、これら三人の国策顧問は一つの部屋で仕事をしていた。

いわゆる共産党軍総政治部連絡部は国民政府軍への浸透と情報及び反政府活動に専門的に従事していた。一九三五年という初期から共産党が広西省ソビエト区から西へ逃亡して陝北の瓦窯堡に移ったとき、中国共産党中央政治局拡大会議を開き、抗日統一戦線の方針を採用したが、同時に中国共産党中央北方局の成立を決定し劉少奇を書記に任命して、国民政府が支配しているいわゆる「白区」への工作の責任を負わせた。同時に中央軍事委員会総政治部白軍工作委員会を設立して、周恩来が担当した。抗日戦争勃発後、白軍工作委員会（工作部）は、「友軍工作部」と「敵軍工作部」に分けられて、前者は国民政府軍工作に、後者は日本軍工作に従事することになった。汪精衛が南京で「偽政府」を成立させ（一九四〇年から一九四五年まで南京を統治した「中華民国国民政府」）「偽軍」を作ると、総政治部「敵軍工作部」は「敵偽軍工作部」となり、抗日戦争が終わると「友軍工作部」と「敵偽軍工作部」は合併して総政治部連絡部となり、今日に至っている。その工作領域は非常に広く、実績は優れていて、対外的には「凱利公司」と名乗っている。

我々がかつて大陸を訪ねた人の話を聞くと、多くの人が凱利公司の接待を受けており、その中の多くは凱利公司が総政治部連絡部だと知らなかった。王慶永が福建省に電気製品の工場を作ったとき、最後に凱利公司の手引きで実現した。このように、抗日戦争時期の延安で沈之岳に対して「友軍工作部」が対応したのだろう。沈之岳は病気になって北京に行くと、総政治部連絡部長の楊斯徳が接待したのは、当然のことである。

沈之岳が死んだとき、中華人民共和国の前の国防部長の張愛萍が一つの秘密追悼会を主催して、沈之岳を悼んだ。陸金堅の回想録によると張愛萍は、「文武全才、治国有方、一事二主、両倶無傷」という弔辞を書いたという。「二人の主人に事《つか》えて、両者とも傷つけず」である。これによって、沈之岳の真の身分が明らかである（『陸金堅回想と懺悔録』四七六頁）。

私が総統府で職務につくと、何度も国家安全局局長に内部の整理を要請した。日本の情報機関ははっきりと私に言ったが、我々の国家安全局と情報局などの情報機関には問題があり、東京の駐日代表処も連動していて、その十数人が中国大使館と密接な連携があるという。私が情報を得て、国家安全局に伝えて正式な会議でこのことを提起し、当時の李登輝総統も殷宗文（国家安全局長、一九九三年八月〜一九九九年一月）にこの問題を注意した。しかしこの会議から二、三ヶ月しても、何も動きがないので、私は陽明山に行って殷宗文と会った。殷宗文は、「たいへん敏感な問題で、大きな問題なので、ゆっくりやらなければならない！」と言ってまったく積極的に処理しない。私は、政治防諜部副局長の韓堃に会うと、彼は沈之岳に問題があったことは知っているが、似たような人は少なくないので、注意していると言った。しかし、結果については何も報告がない。このように、台湾内部に潜伏している内応勢力には対応できていない。明らかに敵はかなり容易に入り込み、密かに潜伏すると、防備はできない。いわゆる「明槍易躲、暗箭難防（明るければ銃弾も避けられるが、暗ければ矢でも防げない）」である。

現在の情報機関も変わりない。マスコミが取り上げたニュースでも、情報機関がスパイ摘発をしたところ、こうした問題がある。スパイは、間違いなく上層部に入っており、それが誰だかはっきりしなくても、その地位を利用し、あるいはその指導を受けた部下が活動していることは明らかだ。たとえスパイ事件がなくても、内部には見えざるスパイが一、二名はいる。私は、一貫して長期潜伏の敵に警戒するように強調しているが、その触手が入り込んでいることを知らなければならない。知っていてこそ、例え逮捕しなくても把握することができる。しかし、情報機関の場合は摘発することが重要だ。

現在、多くの人は共産党の地下活動についての認識がほとんどなく、敵であるという認識もしだいに薄くなっている。たとえば、大陸に行っての講演でも、情報機関を退職した高級官僚が講演するときでも、疑うことなく平気であり、時には自分の経験を述べ、組織編成や内部の業務まで論じている。これは情報機関への浸透を現すものか。このようなことは、他国では絶対にないだろう。

こうした人々のことを思い浮かべると寒心に耐えない。郭乾輝（郭華倫のこと）が退職して療養していた時、私は半日彼と一緒にいて話をしていたことがある。私は彼に、台湾である日突然一夜のうちに五星紅旗がそこらじゅうに翻ることになるのではないかと恐れていると言った。彼は、しばらく考えてから、「そういうことは無いとは言えない」と言った。この一言が私の脳裏から離れない。これは、「可能性はかなり大きい」しかし「確実ではない」ということだろう。

七、「政治破壊」と「政治サボタージュ」

私は総統府で毎回会議に出席するたびに、中国共産党の台湾における内応の問題を提出し続けた結果、かえって人々に嫌われてしまった。しかし、関係各機関はこの問題にまったく手をつけず、調査もしないで、どうして把握することができるのか。ある人々はこの問題が非常に敏感なものだと知っていて、触らないようにしている。実態を知らないで敏感だからと解決せず、敏感を理由に手をこまねいているだけで、触れなければ責任を逃れることができるのか。

私は常々述べているが、台湾内部の政策策定や政策執行には、必ず中国の要素を考えなければならない。その政策が共産党にとって有利か不利か、また共産党がどうやってその政策を破壊したり阻害したりできるかについて考慮しなければならない。我々は中国要因について考慮してこそ、政策を順調に遂行することができるのである。現在、台湾の多くの政策は効果が出ないが、それは国民党陣営と民進党陣営の対立だけによるのではなく、中国共産党およびその内応による「政治破壊工作」と「政治サボタージュ」によるのではないか。もし中国共産党が派遣した人あるいは彼らに従う人が、政策決定にかかわる地位に就いていれば、その地位を利用して政府の政策を歪め、あるいは破壊して、政策に負の影響が出るようにするだろう。また、台湾の政府機関が良い政策を打ち出しても、その執行が与党と政府に有利になる時、中国共産党の内応者がさまざまな理由で実施を引き延ばしているかもしれない。

このほか、共産党員は必ず上官との良い関係を築くから、これによってしだいに職位が上がることになる。上からの受けを良くする最善の方法は、その人が好きなものを与えることであり、上官がお金で動くならお金を、女性で動くなら女性を使い、麻雀が好きならいつも「政治麻雀」の相手をして、上官と運命共同体のような一体の関係を築くのである。これは、共産党員が常に行うことである。

要するに、この三年余りの台湾における中国共産党情勢教育は、台湾の人々に共産党についての認識を高めてはきたが、大きな効果は得られず、反対にしだいに共産党に対する警戒感が失われてきた。もちろん、私は今でも中国共産党の台湾内部への影響力と長期潜伏者の内応力が問題であり、それが重視するかどうかが、今後の台湾が繁栄を続けられるか、それとも衰微するかの鍵になると考えている。

第十節　総統府

一、幕僚小グループ

一九九〇年二月一日、私は調査局を退職した。退職してまず、国際関係研究センターで半年間研究員を務め、七月に総統府の職につき、「国家統一委員会」の準備作業に参加することになった。当時の総統府には適当な空席がなかったので、参議という名目であったが、給与は無かった。国家統一委員会が成立すると（一九九〇年十月七日）、私は研究員となったが、月額一万五千元の交通費が出るだけで、後からこのことを李登輝総統が知ると、さらに一万元が機密費として加えられた。このようにして二年間参議を務め、その後は有給の国策顧問となった。

総統府に入る前は、李総統と私は、私が行った二つの件の報告について、長時間話し合った。第一に、当時の幕僚小グループは機能しておらず、大幅な改組が必要であること、第二は、国内の政治防諜工作を強化しなければならないことであった。私は、李総統にこの二点の実行についてお願いすると、彼はよろしいと言った。それで私は総統府に入ると、まず幕僚小グループの改組を進めた。

一九八八年一月、李登輝が総統職を継いでから、六、七ヶ月で四つの研究小グループを成立させた。政治グループは蔡政文が召集人を担当し、そのほか城仲模、鄭興弟、蘇永欽、王友仁がメンバーで、経済グループは、梁國樹が召集人で、劉泰英、陳昭南、薛琦、陳博志、許嘉棟、朱雲鵬がメンバーで、外交グループは、許介鱗を召集人に、祝基瀅、林碧炤、周煦、蘇起、劉必榮、高英茂などがメンバーで、大陸グループは、畢英賢が召集人で、趙春山、曽永賢、呉安家、趙先運、張榮豊などがメンバーであった。総召集人は張京育で、連絡人は総統府第一局副局長の郭岱君であった。最初は、私は大陸グループに参加した。

研究小グループのメンバーは二十数人だが、主要な業務は毎月一回の会議であったが、これにはいくつかの欠点があった。第一に、即時性の欠如である。これでは突発事件に対応できない。第二に、メンバーのほとんどが学者で、理論あるいは基本問題の検討に偏り、有効な対策の提案が必ずしもできず、また、政府の施政状況について、また今必要なことについて十分に理解していない。このため、提案が出されても、課題に対応しなかったり、実行に適さず有効ではなかった。

こうした欠点から、私が総統府に入ってから、まず総統府秘書長の指導のもとに幕僚業務を指導する小グループを成立させることとした。これを国家安全会議秘書長、国家安全局局長、財団法人海峡交流基金会理事長、外交部長、行政院大陸委員会主任委員および私と張榮豊などで組織した。毎週一回の会議を開き、国内外情勢の意見を交換し、幕僚小グループの研究テーマを決定した。

次に、もとの研究小グループを基礎に、メンバーを増やして次長級の行政官を入れた。実務執行に関わるメンバーを入れることで、研究小グループの総数を一度に五十から六十人にまで増やした。そのうち、私と張榮豊を中心に核心小グループを形成し、問題の性質に応じて関係するメンバーだけ八人か九人を臨時に集めて、事務室内で会議をもった。その場合事前にテーマを知らせて、参加者に準備をさせてから会議を開くことで、具体的な議論をして、実行可能な提案をその日のうちに提出するようにした。

こうしたやり方の良い点は、まず即時性の確保である、次に、次官、政務官などの行政官を参加させることで、以前の研究小グループに欠けていた点を補ったことである。大陸問題については海峡両岸基金会を補佐して、大陸委員会の成員とその他の専門家が一堂に集まっての提案は具体性があり、実行可能性があった。

上述の幕僚小グループの制度は、李登輝総統が退任するまで続けられた。実際、具体的な運用は私と張榮豊と、外交部から派遣された饒清政、それと呉昇銓と二人の秘書が、総統府の一部屋に集まって作業を進めた。後には、問題は我々の事務室で処理するようになり、張京育など召集人の職位は取り消され、連絡人も置かれなくなった。それで非常に多くの問題を我々は蘇志誠から直接に李総統に報告し、李総統から関係部署に伝えることで、即時性のある対応ができるようになった。私自身は、非常に有効であったと思っている。また、例えば台湾で株式市場に問題が発生したとき、我々は中国資本の介入と関係があるかないかを疑い、顔慶章、許嘉棟、陳博志、黄天麟などを集めて討議した。これによって、我々は非常に機動的に対応して、事態に応じた必要な処理を進めた。こうしたやり方は有効であり、即時的に問題の解決ができた。

また、私について言えば、大陸問題の他、それまであまり理解が無かった多くの国内問題に触れることになり、幕僚会議を通じて、学んだことは少なくない。

私が総統府に入ったことについては、多くの人が私と李登輝の関係について事実に反する伝聞を伝えている。実際は、私と李登輝が知り合ったのは、中国文化大学大陸研究所と政治大学東亜研究所の修士論文口頭試問の時に、何度も会う機会があったのだ。その時、彼は農業復興会の業務をしていたと思う。口頭試問の前後に、我々は会ったのだが、それはそれぞれの指導学生がいたからで、共同で指導した学生はない。李登輝はまた東亜研究所でも授業を持っていたから、その時にも会う機会があった。

「六四天安門事件」が起きたころ（一九八九年）、李登輝は総統府第一局副局長の郭岱君に毎日大陸情勢の報告を提出させた。第一局は「政治情勢のブリーフィング」を担当しており、国内外情勢の分析に当たっていた。私が出勤すると毎日、郭岱君から電話がかかってきて、何か情報がないかと質問された。当然、李登輝も郭岱君に、資料の出どころ、誰からの情報なのかを質問しただろう。

私は、総統府に入ることになった主たる原因はこのようなものだと思っている。李登輝は、私が総統府に提供した情報が悪くないと認め、一九八九年にまず私が彼の研究小グループに呼ばれることになり、大陸組に入った。それから七、八ヶ月して、李登輝は私があと一年で退職することを知って、私と総統府において長時間話す機会を持った。彼は、私に、まず、退職を延期することができないかと言われた。しかし私は、調査局では局長は退職を延ばすことができるがその他の人は無理だと答えた。すると次に、国民党中央委員会大陸工作会で副主任の名義で調査局で働くというのはどうかと提案された。しかし私は、そのような名目と実際の異なるやり方は、政党と政府が一体であると疑われるから好ましくないと答えた。最後に、李登輝は、それでは国家統一委員会を成立させる予定なので、その時に参加して欲しいと要請された。それで私の退職が一九九〇年二月で、国家統一委員会の成立まで少し間があったので、その間にまず国際関係研究センターの研究員となったのである。

こうして私は退職すると、まず国際関係研究センターに通勤し、国家統一委員会の準備が始まると、総統府に入ることになったのである。

二、国家統一委員会

国家統一委員会成立後、私は研究委員となったが、最初は十二名ほどで、後には二十名余りに増加した。研究委員はかなり能力のある専門の学者であった。国家統一委員会は各分野の代表を集めたもので、総統、副総統、五院の院長、外交部長、国防部長などと、各党派の人物、例えば国家統一委員会副主任委員となった黄信介なども参加した。国家統一委員会は毎年一回か二回集まるものなので、主要な業務は研究委員が担当した。国家統一委員会とは別に幕僚小グループを設立したので、総統府副秘書長（当時は邱進益）が執行秘書を兼務し、その下に秘書組、総務組、研究組、新聞組と議事組などを置いて、通常事務を担当した。私は研究組の組長となった。

この他にも研究会議があり、研究委員の召集人が会議を開いた。ある人は研究会議は国家統一委員会に属する会議だと考えていたが、実はそうではなく、二つは並列で、異なる任務を持っていた。研究委員の活動は、比較的頻繁であり、毎月一度の会議の他、各委員は、二、三ヶ月あるいは半年という期間が決められた専門の課題研究をしていた。委員がテーマを決めるが、あるいは自主的に共同研究を行い、その後に成果を報告するのが、研究委員の主要な業務であった。国家統一委員会の開会前には、必ず研究会議が先行して開かれ、研究会議が国家統一委員会での会議の議事を決め、国家統一委員会で討議した。私は、研究組の責任を持たされていたから、その報告書を書いた。

国家統一委員会の関連機関の多くは臨時に編成されたもので、固定的な予算がなく、必ず総統府その他の経費を使わなければならなかったから、常に経費を調達することが問題であった。会計担当と我々の機関の意見が異なって、彼らはそんな予算項目はないといつも言っていた。我々は会議を開くために、時には郊外に行って合宿したから、一日、あるいは二日間で数十万元の費用が必要だったが、会計担当はそんな予算はとれないと言うので、副秘書長が出ていって彼らと調整して、経費の問題を解決した。

李登輝総統の在任中は、全部で十四回の国家統一委員会を開催したが、原則的には年に一回だった。研究会議は数十回開いたが、四十数項目の課題報告を提出した。その中で比較的重要なものは、アメリカの中国問題専門家についての調査分析で、二、三名の学者が非常に熱心にわずか半年の期間で研究を進めたものだった。これらの課題研究の成果は非常に有用で、調査報告を通じて我々も知ることができたが、ある学者やシンクタンクが比較的共産党に同情的な傾向があるとか、比較的我が国に友好的であるなどと分析を加えたものだった。この研究は、実際の外交活動を進める上で、非常に役に立った。

また、一九八九年の中国共産党とソ連共産党との和解の後の一連の動静について、我々が何人かで共同で執筆した研究は非常に掘り下げた研究であった。こうした研究は、私が国家統一委員会の研究委員の名義で進めたものだが、研究委員と総統府の幕僚小グループはある部分では重複しており、截然と分けることは難しかった。

私が国家統一委員会の研究委員と幕僚小グループの研究組の組長を兼ねていたので、その一ヶ月後、中華経済研究員の研究員であり、その前には総統府幕僚小グループの大陸組のメンバーでもあった張榮豊を煩わせて、私は彼に国家統一委員会の研究員になってもらうことにした。しかし、国家安全局では、張榮豊は台湾独立派だと見ており、国家安全局長の宋心濂（一九八五年一二月〜一九九三年七月）は大反対だった。その後、李登輝が私に張榮豊は台湾独立派なのか、と尋ねたので、私は、そのようなことはない、彼は研究小グループに入って久しいが、台湾独立派という様子は見られない、彼自身の研究とは別に、民進党主催の座談会が常に彼に出席を求めているため、恐らくそれが国家安全局に疑念を抱かせたのだと思うと答えた。李登輝は、私の答えを聴くと、私に宋心濂に宛てて一文を書くように求めた。私が、張榮豊の研究小グループでの活動状況を説明した文を書いて宋心濂に渡すと、彼は民進党の座談会での報告や発言を調べた。その結果、台湾独立とは全く無関係であることが明らかになった。こうして張榮豊は国家統一委員会に入って、私とともに仕事をすることになった。

三、対日工作小グループ

一九九〇年に、私は一つの提言を書き、その中で対日工作の重要性を強調した。私は、当時の対日工作のやり方は、口でその重要性を述べるばかりで、実際の行動が伴っていないと指摘した。実際、数十年来、対日工作は張群の手中に握られていて、彼一人の独断場だった。形式的には、谷正綱の主催する「中日合作策進委員会」（一九五七年四月に谷正綱などが創立）が担当していたが、事実上、これは動いていなかった。当時、日本の映画は一年に三十本だけ輸入されたが、全部を委員が取り合って、あなたが五本、私が五本という具合で、上映会社に転売していた。また、張群は青森県のリンゴが好きで、青森県選出の衆議院議員に特権を与えて、一年間に台湾に二万箱のりんごを売る権利を与え、彼は好きなだけりんごを食べるといった具合だった。それゆえ、対日工作には瘴気が漂っていた。私は、こうしたことを露骨に書いて報告し、今までの対日工作は改革しなければならないといって、対日工作小組を成立させて、専門的にそれに取り組むことを提案したところ、李登輝総統はそれに賛同した。

私は、許介麟、王友仁（故人）、戴國煇（故人）などの名前をあげたが、日本国籍の人はメンバーに入れなかった。李登輝は、彼がよく知っている羅吉煊、許敏惠（華南銀行理事長、合作金庫理事長）などを加えた。羅吉煊は、台湾総合研究院の理事長（院長は劉泰英）で、李登輝の京都大学の同窓生で、彰化銀行の元理事長である。

対日工作小組は一九九一年七月に成立して、名義上は外交部に属したが、実際は李登輝総統が主導していて、直接に総統に報告した。外交部長の銭復（一九九〇年六月～一九九六年六月）は召集人を務めたが、私が執行秘書だった。当時、私は総統府の參議で、後に国策顧問になった。

小組成立後、日本の代表処の情況を詳細に知るために、私は代表処の多くの職員と長時間にわたって話し合いをして、我が国政府派遣の東京の職員（日本で現地採用された職員を除く）について全体的な調査を行った。

小組成立から三ヶ月を経ずして、私は、この調査報告を召集人の銭復に提出した。銭復は、それまでこれほど詳細な報告は見たことがないと言ったが、その多くは彼の知らないことであった。このように代表処の人物の背景にまで立ち入った調査は、自分の安全のために仕事をする人はしないのである。

調査をした結果、非常に多くの人は不適任であることが判明した。例えば、ある人は日本語ができないし、また勉強する気もなく、閉じこもって仕事をしており、またある人は、出勤が不足で、日本の関係者との接触をしていないし、ある人は雑誌に載っている情報を写すだけで、業績としているし、また、ある人は、虚偽の宴会費用を報告し、さらには強烈な反日感情を持って仕事をしている者もいた。

もっとも重大な問題は、日本の情報機関が私に報告してくれたように、駐日代表処の十数人の職員が、中国大使館の人と非常に頻繁に連絡しており、仕事を終えてから一時間もしないうちにその日の決定事項を相手に伝えていたことである。この件については、日本の関係者から、適切な処理を求められた。私は、帰国後、国家安全局と外交部に通告したが、返答は無かった。

実は、香港返還交渉に当たっていた中国の新華社香港支社長であった許家屯が、彼の回想録「許家屯香港回想録」で似たようなことを書いてる。台湾から派遣された香港駐在員は、年末年始に彼に贈り物を送っていたというのである。本当かどうか、関係機関はこのことをきちんと把握していただろうか。

このほか、一九八〇年代までは、日本統治下に日本語を修得して非常に高い運用能力を持つ人が多数いたが、こうした人はしだいに高齢化し、戦後世代では日本語のできる人材が少なく、また、出来る場合でも日本語の運用能力が低いという問題の解消策について、私は銭復と話し合い、いくつか具体的な提案をした。第一に、日本駐在の期限付き派遣制度で、大使館あるいは領事館に大学の講師レベル以上の特別研究員を派遣して、学術活動を通じて外交を支援させることである。これはすぐにでも可能な方法である。第二に、毎年数人の外交特別試験合格者を新たに派遣して、二年間日本語を専門に勉強させその間は別の任務を課さない。第三に、在職訓練として、日本語あるいは日本の感覚が不十分な科長もしくは専門委員級の人員を、毎週一定時間職務を交代勤務にして、日本語や日本政治、経済、社会情況について、少なくとも一年、長ければ二年、授業を受けさせる。この提言が実行されれば、人材の断層の問題は解決されるだろう。

銭復は、了解して、その場では納得した様子だった。しかし、ほぼ一ヶ月が経過しても、何も動きがないので、私はまた銭復に会いに行った。銭復は、私の建議は実に理想的だが実行はできないと言った。まず、特別研究員の任用制度は、経費が不足し、また、大学が人を出したがらないのでなかなか困難だ。次に、在職中の科長や専門委員は、職務が忙しく、時間を作れないし、司長が人を出したがらない。私は、毎週半日間の時間を出せないというのは、信じられなかった。半日も無駄がない公務員は、非常に優秀な公務員だ。唯一、日本語研修は実施され、一期目と二期目は二人ずつ、三期目は一人だったが、それ以後は続かなかった。外交において日本語を特に専攻しようという外交官がなく、それで後続がいないのでは結果はいうまでもない。このような結果には本当に失望させられた。

対日工作小組が成立した初期は、みんな比較的積極的で、実際の活動を推進しようと考えていたが、やがて考えが変わり、我々数人が月に一回会議を開いても、日本の政治、経済情勢の変化について報告しても、実務活動についてはは討論しなくなった。こうした状況は、銭復が外交部長の間は維持されたが、銭復離任後は無くなった。私は、頭で考えることと実際に行うことの非常に大きな落差、あるいは理想と現実の落差は十分に感じて知っていたが、対日工作では特に酷かった。

しかしその後、私は次第に忙しくなり、対日工作だけに注力することができなくなった。数年前に、台湾の観光事業を強化して、交通部観光局が、一億元ほどの宣伝費を獲得した時、台湾の旅行業を紹介して、彼らは全費用を広告会社への宣伝の委託費として使ったが、日本の一つのテレビ局で、わずか数十秒のＣＭを放送して、それが年間一億円という、非常に採算に合わないものだった。

私がかつて提出した具体的な建議は、例えば日本の高校や専門学校の学生の台湾旅行を補助すること、救国団の各活動センターはいずれも風光明媚なところにあるから、それらを活用することである。しかし、担当の政府機関は、救国団は政府の管轄下にないので、実行できないということだった。また登山が好きな日本人に、玉山、奇莱山などを選んで、登山協会がいくつかの登山ルートを企画して、また登山の道標を作って、休憩小屋も作り、日本の登山客を呼ぶことである。私は彼らにしっかり準備をすれば必ず結果が出ると言うのである。

無駄話は効果がないのだが、対日工作には発展する余地が大いにある。しかし、結果を出すのは容易ではない。こうして、亜東関係協会が「台日文化学術交流委員会」（二〇〇三年四月）を成立させてから、毎月一回定期的に会をもって、毎回人を募って、大部の資料を配布したところ、多くの人が競って文を寄せるようになり、誌上での軍事シミュレーションまで行われた。

対日工作は陳水扁の時代になると、総統府秘書長が出席する「対日工作会報」に改められ、さらに「対日関係会報」となって、今日に至っている。同じように一ヶ月に一度開かれ、同じような失敗を繰り返しており、外交部、経済部、交通部（観光局）、僑務委員会、国家安全局などの各機関が報告して、ただ報告するだけで実際の行動にはつながらず、何をするかの話は決まらない。だから、対日工作の発展には、大して貢献していない。

このほか、たくさんの立法委員が対日工作への参加を希望しており、機会があれば日本においしい物を食べ、楽しみに行きたいと思っているが、彼らはただ何人かの国会議員と会うだけで、それ以上に何かするわけではない。友好連盟の組織で、国会外交を進めるというが、あまり進んでいないし、実際にはこのようなやり方は大きな効果はない。簡単に言えば、我々の立法委員のうち、実際に今日の問題を理解している人は多くないので、日本の議員と話をしても成果は出ないのである。

以上のように、外交部に成立した対日工作小組は、具体的な成果は上がらなかったといえる。対日工作の発展には、大いに発展の可能性があるが、それには大いに努力が必要で、どうすればよいか大いに検討しなければならないのである。

四、関係組織と活動

1　日華議員懇談会

日本の超党派の国会議員からなる「日華議員懇談会」のメンバーは二百人から三百人であるが、そのうち半分以上は同時に「日中友好議員連盟」にも所属していて、メンバーシップが必ずしも実際の政治的立場を表しているわけではない。八十歳の高齢の日華議員懇談会会長山中貞則（一九二一年～二〇〇四年）は、陳水扁総統の当選後、公の場で、彼は私の孫みたいなもので、同席することなどできない、と言っていた。山中貞則が死去すると、平沼赳夫が会長となった。日華議員懇談会と台湾の関係は国民党執政時代に築かれたもので、国民党との関係は比較的良好だが、民進党とはなかなかうまくかないところがあった。しかし、民進党は党外時代から日本の民主党との交流を始めており、特に仙谷由人衆議院議員とのつながりが深かった。それゆえそのころの台湾の民進党の国会議員は、どちらかというと民主党の「日台友好議員懇談会」との往来が頻繁で、日華議員懇談会との関係は比較的薄かった。このため、政権交代の後、民進党の対日工作は一定の影響を受け、一部の事務は、代表処だけが交流を進めることになった。

2　日華大陸問題研究会議

「日華大陸問題研究会議（中日中国大陸問題研討会）」は一九七一年に成立した中国問題について討論する会議である。一九六〇、七〇年代から、国際情勢はしだいに台湾に不利になり、多くの西側国家が中華人民共和国を承認するとともに、台湾の国際的地位は脅かされることになった。ここにおいて蔣経国は当時、「学術外交」を提唱し、国際関係研究所にそれを担当させることになった。こうした政策に基いて、「日華大陸問題研究会議」および「米華中国大陸問題研究会議」の設立に至った。後者は間もなく終わってしまったが、前者は長く続くことになった。

中日「中国大陸問題」研討会の成立と運営については、私自身かなりの心血を注いだ。初期の準備段階から参加したが、当時の状況は次のようなものだった。すなわち国際関係研究所の所長、呉俊才(一九六四年四月〜一九七八年八月)に対して蔣経国から「学術外交」の指示があり、一九六九年秋にはアメリカへ行き、帰国の途中に東京に立ち寄って、日本の前首相の岸信介(一八九六年十一月〜一九八七年八月、日本の第五十六、五十七代首相:一九五七年二月〜一九六〇年七月)が創設した綜合研究所の中国部長、桑原壽二と会談した。桑原先生は日本の外国語大学中国語系を卒業してから、北京大学に留学、さらにその卒業後に華北において中国、とりわけ中国共産党問題の研究に従事した。第二次世界大戦後、日本に戻って、新聞や雑誌において中国に関するさまざまな論文や評論を発表し、中国問題研究の泰斗となった。これによって、国際関係研究所は桑原先生を研究協力の対象とすることを決定した。一九七〇年一月、駐日大使館から正式に桑原先生に協力の話し合いを申し入れた。こうして、私は、初めて桑原先生とお会いしたのだが、彼が亡くなるまで(二〇〇一年)、三十数年間にわたって師としての、あるいは友としての関係が続いた。

桑原先生には台湾に来ていただいた次の日、国際関係研究所で「中日の思考方式の違い(中日思維方式異同）」と題して講演をしていただき、私が通訳を務めた。その晩、政治大学校長の劉季洪（一九五九～一九七三）が宴会を設営し、三日目に今後の協力について話し合ったが、私が通訳を担当した。当時の決定事項は、（一）国際関係研究所は東京に特派員事務所を設立する、（二）日本語版の月刊誌『問題と研究』を桑原先生を発行人として発刊する（一九七一年九月創刊）、（三）中日「中国大陸問題」研討会を開催し、第一回の研討会を一九七一年十二月に台北で開催するということで、この会議は二〇〇九年まで三十四回実施された。私は第一回から第三十回まで毎回参加し、かつ台湾側の幹事団の団員を務めた。

中日「中国大陸問題」研討会は三〇数年間継続したが、それにはいくつかの前提があった。

第一に、研討会の時代背景をいえば、一九七一年十月に台湾は国連を脱退し、中国の勢いが高まったとき、日本の専門家三十数名が国内の「中国熱」の盛り上がりにかかわらず、また保守反動というレッテルを貼られることは必至であったが、毅然として台湾に来て、反共の討論会に参加してくれたように、彼らにはしっかりとした道徳的勇気があったことである。私たちにとって、これは「雪中送炭」というべき意義があった。

第二に、研討会を通じて、桑原先生が日本で「中国大陸問題研究協会」を成立させ、日本の政界の長老、例えば岸信介元首相、全衆議院議長の船田中（一八九五年四月～一九七九年四月）、前農林大臣の倉石忠雄（一九〇〇年七月～一九八六年十一月）、前文部大臣の藤尾正行（一九一七年一月～二〇〇六年十月）そして衆議院議員の椎名素夫（一九三〇年八月～二〇〇七年三月）などの人々を顧問にし、これによって同協会は急速に発展して、声望を得ることとなった。台日双方で、研討会開催のほかにさらに重要であったのは、日台断交後の国交に伴う公式外交ルートに代わる経路として、対日貿易摩擦を減少させることなどにおいても、大きな力を発揮した。

第三に、研討会の報告やコメントの翻訳の問題である。第一回研討会のとき、外交部アジア局の専門委員及び科長など四人に翻訳をお願いした。彼らの日本語能力には問題がなかったが、会議終了後、二、三人の専門委員が私に、彼らはこのような復雑多岐にわたるマルクス・レーニン主義や共産党に関する専門用語の報告や発言を完璧に翻訳することができず、また台湾側参加者の発言内容については聞き取れないところも少なくなかったと言いに来た。確かにそうであった。このほか、方言やなまりがひどい報告や発言があり、頭の痛い問題だった。中でももっともたいへんだったのは、国際関係研究センター副主任の郭華倫と研究員の李天民だった。郭先生の話はほぼ八十%が客家語で、私が代わって翻訳しなければならなかったし、李先生は四川なまりがひどく声も小さく、翻訳は容易ではなかった。

このような大規模な国際会議では、翻訳の良しあしが会議の成功のカギになる。何回か研討會を続けるうちに、しだいに翻訳の能力の高い人が育ってきた。しかし、毎回の会議の最後に行われる総合討論は、私自身が翻訳に一役買うことになった。

3 アジアオープンフォーラム

一九八九年に李登輝総統と日本の東京外語大学学長であった中嶋嶺雄先生（その後、秋田の国際教養大学学長）の協議に基づき、「アジアオープンフォーラム」が創設され、毎年交代で、台湾と日本とで開催されることとなった。アジアオープンフォーラムと日華大陸問題研究会議との違いは次の通りである。

まず、中嶋学長が台湾からの補助金を使わないという立場を堅持して、自ら経費を募ったことである。毎回の開催費用は日本円で四乃至五千万円であった。この経費を賄うため、中嶋学長は自分の人脈を使って、西武財団、住友財団、東京財団など民間企業の支援をとりつけ、それらの関係者に研討会への参加を求めた。これによって、研討会の主題として、多くの経済方面のテーマが取り上げられることになり、多くの財界人が参加することになった。

次に、アジアオープンフォーラムと日華大陸問題研究会議の事務については政治大学国際関係研究センターが請け負って、その上で台湾と日本の双方の幹事団が設けられていた。幹事団団長の人選は、日華大陸問題研究会議では台湾側では国際関係研究センター主任が担当し、アジアオープンフォーラムでは、台湾側団長は辜振甫、副団長は辜濂松と黄世恵であり、日本側団長は、住友財団の責任者であった亀井正夫が引き受け、中嶋学長は秘書長の名義で実際には全権を担った。私は、アジアオープンフォーラムの台湾側幹事団の一員であった。

また、中嶋学長と日本側の要求は、毎回の会議は台北市と東京で開催するのではなく、開催地を変えるということであった。それでアジアオープンフォーラムは、一九八九年の第一回から最後となった第十二回（二〇〇〇年十月）までに、第一、三、五回は台北で開催、第七回は高雄、第九回は台中、第十一回は台南で開催、日本側では一度も同じ場所で開催しなかった。第二回は東京、第四回は京都、第六回は横浜、第八回は大阪、第十回は松江、そして第十二回は松本である。

アジアオープンフォーラムの維持のために、中嶋学長はたいへんな尽力をされた。彼の最大の願いは、李登輝総統が日本で開催されるアジアオープンフォーラムに参加することであった。一九九二年十一月に第四回会議を京都で開催したとき、京都大学の同窓会および京都大学から李登輝総統の来日を促すよう協力を求めたが、日本政府が同意せず、訪日は実現しなかった。また、二〇〇〇年十月の第十二回大会が松本で開催された時、やはり李登輝総統の出席を強く希望した。松本は中嶋学長の故郷であり、また、李登輝総統は総統を退任したところであったから、可能性があるのではないかと考えたのだが、やはり実現できなかった。この願いは、ついに実現しないで終わったことが、中嶋学長がもっとも遺憾とするところであった。松本での会議を最後に、アジアオープンフォーラムは終了した。

4　台日論壇

アジアオープンフォーラムが終了してからほどなく、総統府の「対日工作会報」ではどのようにして日本の著名なシンクタンクと新たな協力関係を築くかについて検討した。私からの提案は、「中華欧亜基金会」と日本の「世界平和研究所」との恒常的な交流を実現することであった。その前に、私が「世界平和研究所」を三、四回訪問したことがあり、「中国共産党の対台湾工作」について報告していたので、比較的よく知っていたのである。これについて検討した後、「対日工作会報」では、中華欧亜基金会と世界平和研究所の協力関係を築くことを決定し、駐日代表の羅福全から世界平和研究所で初歩的な接触をするように指示した。

世界平和研究所は、中曽根康弘（一九八二年十一月～一九八七年十一に第七十一、七十二七十三代首相）が首相退任後、一九八八年に設立したものである。その研究員は、専任者は少なく、大部分は政府機関から兼任で派遣され、そのほかNEC、三菱、住友、日本鋼管、新日鉄などの大企業からの出向であった。一般的に、研究員の期間は二年間であった。このようなやり方は、日本ではよく行われている。これらの研究員は、世界平和研究所に何を期待しているだろうか。彼らの将来にとって非常に役に立つことがある。研究所に在籍している二年間は、さまざまな業務について学ぶことができ、また専門的な研究にも従事して、もとの職場に帰った時、個人の功績につながることが少なくない。それゆえ一般的に各政府機関も企業も重視して、研究員自身も世界平和研究所に派遣される機会を得ようと考えている。これゆえ、世界平和研究所の経費はそれほど多くない。私は、このような制度を理解していたので、総統府に戻ったとき、繰り返し話し合いをして、世界平和研究所の方式を取り入れられないかと考え、台湾に同様のシンクタンクを成立させようとしたが、結局、うまく行かなかった。その理由は、政府機関から、如何なる形でも民間企業へと人を一時的に送り出すことが非常に困難なためであった。

二〇〇一年の夏、世界平和研究所と協力関係を築いて、私は日本を訪れ、羅福全代表とともに世界平和研究所を訪れ、大河原良雄理事長と協定取り交わしの協議を行い、毎年輪番で台湾と日本で「台日論壇」国際研討会を開催することを決めた。

世界平和研究所は、中曽根康弘が創立したもので、当然、彼の影響を受けている。二〇〇五年九月、総統府秘書長の游錫堃が「台日論壇」の要請で日本に講演をしに来たとき、中曽根を訪問して、中曽根に台湾を訪問するよう游錫堃が招請した。游錫堃が私に伝えたところでは、出発前に陳水扁総統にあったところ、総統も中曽根の訪台を希望したという。それで中曽根と会談する前に、私は游錫堃に中曽根の背景などを説明して、終戦時に中曽根は台湾の左営で海軍主計中尉であったことを伝えた。それゆえ左営のことから話を始めて、游錫堃が直に中曽根に台湾訪問を要請し、陳水扁総統も歓迎すると伝えた。中曽根は、その場では回答しなかったが、この招請について考えたいと言っていた。しかしついに、中曽根は台湾を訪問しなかった。中曽根自身の対中配慮か、あるいは中国からの圧力があったためだろう。

5　日華文化協会から表彰される

一九七二年の日台断交後、日本の学術界と文化界の著名な元老級の学者、専門家と文化人が「日華文化協会」を設立した。初代の会長は東京大学名誉教授の宇野精一であった。宇野教授は、二代続く漢学者であり、孟子の研究では海外でも有名である。

一九九六年十月に長年の日華両国の文化交流に貢献したとして、私は、同協会から表彰された。かっては調査局の薈蘆資料室を通して、私が多くの日本の学者、専門家と知り合ったこと、第二に、国際関係研究所の主導で日本の学術交流のために成立させた日華大陸問題研究会議に貢献したこと、また、退職後に総統府で働くことになり、対日工作に深く関与し、「アジアオープンフォーラム」の運営など、李登輝総統の対日関係に関わったこと、最後に、日本の政界および情報機関との情報交流などが評価されたのだろう。

五、いくつかの提案

ここ数十年来、私は毎年二、三回は日本に行き、あるときには五回も訪れて、日本の政治家や、中国問題の学者、専門家と会った。しかし、政治家とは一、二回会ったところであまり意味がなく、何度も会わなければ関係を築くことができない。日本人との交流では、何回も食事をともにし、酒を飲んで関係を築くもので、どうしても何年もの時間をかけて相互の信頼関係を築かなければならない。

例えば、当時の日本民主党について、私がかなり強い印象を受けたのは、私がかつて鳩山由紀夫（日本の衆議院議員、民主党幹事長、党代表、後に首相）と会ったとき、民主党の政権構想として、連立政権や政党連合のような構想の準備をしているか尋ねたことがある。すると鳩山は真面目に、この問題は時期尚早で、民主党は現状では政権構想を語るべき段階にはなく、内部を如何にして団結させるかが喫緊の課題だと答えた。鳩山幹事長は、私との良い関係ができており、私が適当に外部に話したりしないと信用していたから、「本音」で話してくれたのである。また、椎名素夫議員も私に「本音」で話してくれた人で、彼は、台湾の国家安全局、新聞局と外交部の官僚には問題が多いと伝えてくれた。彼は、なぜ李登輝総統がこれらの機関を改革しないのか、非常に不思議がっていた。

このほか、日本の情報機関には何人かの友人がいたが、台湾の駐日代表処には十数人の常時、中国大使館の工作員と交流している人がいることを、私に伝えてくれた。私は台湾に戻ると、国家安全局長と外交部長に報告したが、その後の音沙汰がなかった。後に、私がまた、駐日代表の荘銘耀とこの問題について話したとき、彼は私に、台湾に戻ったら国家安全局に行って、何人かの専門家を代表処に派遣して、情報漏洩があるかどうか調査するように伝えて欲しいと言われた。私が殷宗文（一九九三年八月～一九九九年一月、国家安全局局長）に伝えると、彼は必ず調査に派遣すると言ったが、結局それは実現しなかった。日本人は情報漏洩について、代表処と中国大使館の人間関係が密接であることが問題だと気づいていた。恐らく日台間で正式の情報交換ができるのであれば、そこで提出されるはずだが、そのような協議の場がないので、私に伝えてきたのだろう。このように、対日工作において信頼関係を作ることが、非常に重要なのである。こちらを信用してくれなければ、我々に重要な情報を流してくれないのである。

第十一回アジアオープンフォーラムが台南で挙行されたとき、椎名素夫も参加して、彼と私は夜九時からホテルの部屋で話をし、十一時まで、対日関係について意見交換した。また、彼は当時の日米関係について紹介して、日本とアメリカとはすでに非常に良い協力体制を築き上げており、およそ双方に関することは必ずまず相手に通報することになっていると言った。さらには、一部の発表原稿については、先に相手と交換してから、同意を得て発表することになっているという。彼は、台湾と日本の関係も、このような協力関係を樹立したいという強い希望を表明した。この会談の後、私はすぐに李登輝総統に一遍の報告書を書き上げたが、李総統はこのような協力体制について良いことだと感じたようだ。これ以後、私たちは日本とこれに似た協力関係を作ることにし、さらに日本がアメリカを誘って、日米台の三方が参加するハイレベルの会議として李登輝総統が作ったのが「明徳小グループ」の由来である。私はこの会議に直接参加しなかったが、その運営について私はよく知っていた。外国との情報交換は、人間関係が非常に重要で、また政策決定については、決定は常に大胆でなければならず、創造力と突破力が必要で、情報交換が形式に流れてはならない。それでは効果がないのである。

私はまた、外交部長の銭復とかつて話したとき、皆が小国には外交は存在せず、外交工作を推進することは非常に難しいと言うが、私は全くそのようには考えていなかった。我が国の外交官が、もし今の目の前の難局を打開しようと思えば、必ず以下の条件を備えなければならないのである。すなわち、第一に、必ず自国の状況を理解し、適切なタイミングで相手に必要な資料を提供すること、第二に、必ず中国の状況を理解して、できるだけ迅速に中国に関する情報を入手していること、第三に、必ず駐在国の状況を理解して、相手との意見交換の便宜とすること、以上である。言語は必要な条件であるほか、必ず上記の三方面の状況をはっきりさせておかなければならない。たとえばそれぞれ一人の外交官がこれら三つの条件を備えていれば、相手からあなたのところにやってきて、あなたとの交流によって、台湾と中国の状況を了解したいと思うだろう。あるいは、誰が重要な情報を提供できるか、ある資料はどこに行けば手に入るか、あなたに尋ねるだろう。彼らからあなたとの関係を作り、多面的に外交を展開することができるだろう。

しかしながら、私は、結局のところどれだけの外交官が自ら資料を見て、研究しているのか疑問に思っている。ほとんどは、事務や「内交」に忙しく、お互いの飲食に忙殺されて、中には自分の将来の計算から「第二の人生」のための準備にふけっている。こうした人は退職年齢に達してから、日本に留まって教鞭をとりたいと考え、あるいはその他の仕事を得る準備をしているのだ。このような情況では、公務を第一とすることは難しく、表面上は公務を処理していても、実は自分のためだけに仕事をしているのであって、実は自分の職務に専念して、実務に努力する人は多くない。あるいはこのように言うのは、一部の人に対して公平性を欠くかもしれないが、しかし改善の余地は非常に大きいのである。

第十一節　中華欧亜基金会

一、基金会の紹介

「中華欧亜基金会」の前身は「欧亜学会」である。欧亜学会は、一九八三年に成立したが、当初の規模は小さく、主として中国大陸の団体との交流を進め、また、アメリカのシンクタンクとの関係を作ること、そして対日関係を発展させるという希望があった。しかしながら、その規模からして予期した成果が上がらなかった、それで一九九四年に中華欧亜基金会に改組された。

欧亜基金会は理事長、副理事長の下に六個の研究グループが置かれたが、アジア太平洋研究所、EU研究所、アメリカ研究所、両岸研究所、大陸研究所、戦略と安全研究所の六つであり、それに行政部門として企画部、研究部、情報部、行政部の四つが置かれた。

基金会は三千元の資本金で設立し、我々はその資金の運用益で活動することとしていた。しかし、近年利率が低く、たいした収入にならないので、常々政府機関からの委託専門研究を受けることで経費を捻出している。主として総統府、外交部、行政院大陸委員会、国家安全会議等からの委託研究である。このほか、書籍の出版なども行っており、比較的分量の大きい報告書は単行書として出版している。我々が実施した研究は、政府機関からの信任を得て、彼らは我々に委託を考え、大陸委員会は常に、長期的な専門研究を委託している我々は、これらの費用を利用して研究を実施した。

基金会の専従職員は十数名だけで、他に兼任職員が数十人だが、その大半は博士課程の学生で、彼らは一方でアルバイトをしながら他方で学術界の人々と知り合い、同時に自分たちの研究を行い、論文を書く。こうした博士課程の学生は、だいたい二、三年勤めて、基金会を離れてしまう。論文を完成させて博士号を得てから大学教員となるなど、兼任職員は流動性が高い。基金会は、専門研究を委託されると、専任職員が企画あるいは連携について担当して、主として外部の研究者、専門家を招いて週二回ほど討論会を開いて、研究報告を完成させる。我々は、少なからぬ研究を委託され、大きな成果を上げてきた。

欧亜基金会は、一つの民間研究機関として、超党派を標榜している。超党派ということは、台湾のシンクタンクではかなり特殊な存在である。例えば、会議のときには、台湾団結連盟、民進党、国民党、新党と親民党などすべてを招き、しかも出席してくれて、それぞれ異なる意見を聴取することができた。この基金会は、超党派の原則で運用することに習熟している。

二〇〇八年九月、中華欧亜基金会は、改組して「アジア太平洋研究基金会」となった。

欧亜学会成立当時は、私は顧問に招聘されて、さまざまな会議に参加した。中華欧亜基金会に改組されてから、私は副理事長兼執行長となり、実際には、基金会の主要業務を執行長として責任を負った。私は執行長を二〇〇四年五月末まで務めた。

基金会の業務はかなり順調であったが、特に国際交流方面では、アメリカ、中国および日本との交流で大きな成果があった。ただし、残念ながら我々は自分たちの能力の限界で、進められない分野もあった。例えば、私はずっと東南アジア研究を推進したかったが、台湾国内で東南アジアを研究する学者の数が不足していて、実現しなかった。

二〇〇四年五月末、私は執行長の兼任に再任されないこととした。それは私の目が、小さい字を見ることに耐えられなくなったためである。それまでは、対外発表報告あるいは文献について、私は必ず子細に審査して、修正を求めていたが、私の目がその負担に耐えられなくなったので、辞任することとしたのである。

二、主要な事業

中華欧亜基金会の主要な事業は上述の六つの研究所の研究を進め、各研究所は四編の報告を発表することであるが、研究テーマを定め、報告順を調整することである。我々は、関係の学者、専門家と二、三回の座談会を開いて研究テーマを検討し、一人の執筆者を決めて報告書を書かせる。これが定例の活動である。また、基金会は外部からの委託研究を受けて、内部のメンバーが必ず参加して、同時に外部の学者や専門家も招いて共同で研究を完成させた。あるものは長期にわたり、またあるものは半年あるいは一年という短期の研究だった。私は、専門家、学者のリストを作っていて、顧問の名義で彼らに研究に加わってもらい、あるいはテーマに応じて適切な人に研究に従事してもらうのである。このほか、定期的に大型のシンポジウムを開催して、外部から関係の専門家に出席してもらい、そうした学者専門家に報告者や評論員を担当してもらった。

これゆえ、基金会の主要な任務は、国内の専門家の組織化を行い外部委託の専門研究および自主的な研究テーマの研究を進めることだった。たとえば日本で選挙があれば、選挙後に数日で内閣の改造が行わるから、我々は必ずこれについて関係各機関の参考になる報告を提出しなければならなかった。それゆえ我々は、予め準備を進めておいて、関係の学者や専門家で研究を進め、内閣改造が終わったら、すぐに報告書を提出できるようにすることで、シンクタンクとして有効な役割を果たした。このように時宜を得た報告を提供することで、政府の関係機関からの評価も悪くなく、信任を勝ち得て、以後には専門研究の委託を比較的容易に得ることができるようになった。

また、このほかの主要な活動は、国外の機関との交流を進め、外部との関係を発展させることである。基金会とアメリカの「企業研究所」（American Enterprise Institute for Public Policy Research, AEI）、「伝統基金会」（Heritage Foundation）、「戦略と国際関係センター」（Center for Strategic and International Studies, CSIS）など著名なシンクタンクと、日常的に連絡をとり、中国大陸のいくつかの機関とも交流しており、また日本では「世界平和研究所」「アジア問題懇話会」「大陸問題研究協会」「世界政経調査会」などの団体と強固な関係を築いた。これらの機関は事実上、政府との関係も密接であり、政府の外郭団体であるものも多い。

曽永賢氏の中国共産党情勢研究、日台関係への貢献の大きさは、ここに語られたその時々の事実から明らかであろう。本章で語られた、台湾現代史の事実と、随所に散りばめられた中国共産党論は、今日の日中関係、日台関係と中台関係を考えるにあたって、きわめて重要な示唆を与えてくれるものと確信している。

第五章　蔡焜燦氏逝去に哭く

平成国際大学准教授　加地直紀

はしがき

本年七月十七日、蔡焜燦氏が逝去された。世界最長の戒厳令が解除されたのが一九八七年七月十五日であり、解除三十年を見届け、完全に民主化された祖国の弥栄を祈りつつ、静かに逝かれたことであろう。いち早く逝去の報を知った浅野和生平成国際大学法学部教授から連絡を受け筆者は茫然自失、『小学館文庫版　台湾人と日本精神』（以下『文庫』）の「第6章　『台湾論』その後」にある、頬に熱い感動を伝わせるという表現を真似るなら、頬に熱い悲痛を伝わせた。なお本稿では、教文社が発行した『台湾人と日本精神』を『精神』、小学館が出版した『新装版　台湾人と日本精神』を『新装』と表記する。

一　筆者がみた蔡焜燦氏

筆者が蔡氏に初めてお目にかかったのが、一九九六年、平成国際大学第一回台湾研修団の一員として台湾を訪れた時である。この時は他に二大学が参加し、総勢七十名以上であったが、一流ホテルの美味しい台湾料理をふるまって下さった。爾後台湾研修団訪台の折には盛大に歓待して下さり、蔡氏の負担を勘案し「お忍び」で訪れても、何故か幹事の浅野教授に連絡が入り、結局おもてなしを受けることになった。最後にお目にかかったのは、二〇一二年の訪台時であった。

こうした限られた交流から生まれた私の蔡氏に対するイメージは、一点の曇りもない愛国者というものである。蔡氏が愛した国は台湾であると同時に、日本であった。蔡氏が愛日家と称される所以である。ただし日本に対する愛情は盲愛ではなく、しかるが故に「一点の曇りもない」のである。例えば『精神』、『文庫』、『新装』の三著には、日本統治時代に台湾人への差別待遇があったこと、日本人の中には台湾人に対し中国人に対する別称を用いるものがいたことを指摘しつつ、日本人が築いたハード・ソフト両面にわたる社会資本により大東亜戦争後の台湾が発展したことなど、日本統治の功罪がフェアに描かれている。あるいは、ある年、我々が引率した学生に、東京裁判により絞首刑になった七名の英霊の御名を言ってごらんなさい、と問われた。近代日本政治思想史研究をしている私ですら武藤章、木村兵太郎の名前は出てこなかったのであるから、当然学生たちは完答できなかった。日本人なら言えなければいけないことを諄々と諭された姿が、今でも目に浮かぶ。以後、毎回学生にはこの七名の名前を暗記させてきたが、もうその必要がないことが寂しくてならない。台湾に対する愛情は、三著に散見されるので、ここでは蔡氏のおもてなしを受けていた際のエピソードを紹介する。

我々がふるまわれたのは、「台湾」料理であり、「中華」料理ではなかった。「紹興」酒（中国大陸の名産地浙江省紹興市より名づけられた）ではなく、「埔里」酒（台湾の名産地南投県埔里より名づけられた）であった。ちなみに小林よしのり氏も『台湾論』の中で、台湾料理をふるまう蔡氏が「私は『中華』が嫌いだから台湾料理を用意しました」と語るシーンを描いている。当初筆者は蔡氏一流の諧謔と受け止めていたが、この拘りには「台湾是台湾」、台湾は台湾であって中国ではないという確固たる台湾意識があったのだと今では思う。台湾人と中国人とは違うのだという主張については後述する。

二　四大紙が伝える蔡焜燦氏

愛国者蔡氏の訃報を日本の四大紙は七月十九日付の紙面で、いかに報じたか。『毎日新聞』は、日台交流に尽力した実業家、司馬遼太郎著『街道をゆく　台湾紀行』（以下『紀行』）に老台北として登場、日本語世代の代表的存在で李登輝元総統とも親交あり、短歌愛好会「台湾歌壇」代表、日本文化紹介への貢献により二〇一四年、旭日双光賞受賞、と簡単ではあるが意外と多面的に紹介している。『讀賣新聞』は台湾歌壇代表、日本語世代の代表的存在、日台文化交流への貢献により二〇一四年、旭日双光章受賞と、『毎日』より簡単に紹介している。『朝日新聞』は台湾歌壇代表、『紀行』で老台北として登場、台湾歌壇は今年結成五十周年を迎え、外務大臣表彰を受けたとしている。いずれも一般の訃報記事である。李登輝元総統との親交を紹介するなど『毎日』は蔡氏の本質を僅かながらもとらえているものの、三紙の共通した姿勢は日本語世代の台湾歌人というものである。『朝日』にいたっては、台湾歌壇自身の受賞を紹介しても、蔡氏の受賞には言及していない。大陸中国に宥和的な『朝日』、『毎日』には鼻から期待していなかったが（それだけに『毎日』が多面的にかつ僅かでも本質を紹介しているので意外に感じる）、両紙ほど宥和的でないはずの『讀賣』の素っ気ない報じ方に落胆した。

三大紙がかような為体である一方、他方『産経新聞』は、一面の「産経抄」と、二面社説隣の八段に亘る記事や「評伝　私財なげうち『人』を残した」とで詳細に報じている。「産経抄」では、台湾を訪れた日本の若者を食事に招き、日本の伝統・文化を教え、食事への礼として祖国を愛すべきと諭したことが紹介されている。記事では、日本語世代の代表的存在として日台交流に尽力、愛日家を名乗り日本の台湾統治を肯定的に評価、旭日双光章受賞、と蔡氏の本質を余すところなく記している。「評伝」では、私財をなげうち多くの日本人や台湾人に、日本教育から学んだ精神であり、台湾人と中国人との差異でもある「公の精神」を伝えようとしたことの外に、次のようなエピソードが語られている。一九五一年、いわれなき罪で実弟、焜霖氏が連行された。焜燦氏は何週間も、拘束された建物の周囲で、焜霖氏に聞こえるように日本語で名を呼び、日本の歌を歌ったという。必ず俺が助けてやると伝えるには日本語で叫ぶのがいいとの考えからであったという。弟が拘束されている場所を探すにも、周囲で日本語を叫ぶにも、焜燦氏自身が危険であったと筆者は推測するが、その間の心理を同氏は、日本教育を受けた台湾人は自分が正しいと考えれば屈しない、と語ったという。つまり『産経』は、他の三紙と異なり、単に蔡氏の経歴を羅列するだけでなく、同氏の本質を真正面から描き出している。流石は大陸中国に媚びることをしない『産経』である。

三　司馬遼太郎が綴った蔡焜燦氏

訃報記事が報じたように、蔡氏は『紀行』の中で「老台北」として何度も登場する。同著で司馬が綴る蔡氏像は第一に皮肉屋、第二に博覧強記というものである。筆者もかような蔡氏像に同感する。台湾料理、埔里酒という表現は諧謔であると同時に、台湾と大陸中国との区別がつかない日本人への強烈な皮肉とも言えよう。また日本の歴史、文化、伝統に関する知識は前述の如く、ともすれば現代日本人を上回り、博覧強記そのものである。小林氏も『台湾論』での蔡氏が日本人を台湾料理でもてなすシーンの中で、日本に関する博覧強記ぶりを描き、「日本人より日本のことをよく知って」いると述べている。

『紀行』の中には、萬善堂の話が出てくる。行き倒れになった人を祀った祠のことである。萬善堂の件で、「まことに手厚くお祀りします」としずかにいう、と蔡氏が描かれている。司馬はこれ以上言及しないが、蔡氏も三著の中で萬善堂を取り上げ、司馬の蔡氏宛書簡を紹介しつつ、司馬は萬善堂を拝し台湾人の心に触れたかった、と「第一章　台湾人の恩人・司馬遼太郎」で述べている。つまり司馬は萬善堂に、台湾アイデンティティがあることに気づいていたのである。さらに蔡氏は三著の「第二章　台湾近代化の礎を築いた日本統治時代」の中でも次のように述べる。台湾人にとり墓を守ることは子孫の大事な務めである。中国人は憎悪の矛先を他人の墓に向けるが、台湾人には行き倒れの人を萬善堂に弔い供養する習慣がある。これは「台湾人と中国人の大きな違い」である。つまり司馬は『紀行』の中で萬善堂を紹介しつつ、いわば寸止めしたのであるが、萬善堂という慣習の中に、台湾のアイデンティティが存在するのである。蔡氏は料理、酒、萬善堂を通して台湾意識をアピールする愛国者であった。

結び

蔡氏は『新装』の「新装版あとがき　愛日家の遺言」の中で、日本統治時代を知る証人が次々とこの世を去る悲しみは「筆舌に尽くし難い」と述べている。蔡氏の、日本統治の実態を知った上での愛日に基づく謦咳に触れることのできない寂しさは、誠に「筆舌に尽くし難い」ものがある。蔡氏逝去に哭く所以である。

我々日本人の悲痛が天に通じたのであろうか、今年の台湾研修団に奇蹟が起こった。九月二日、我々は中国国民党政権による台湾人弾圧の実態を後世に伝える、国家人権博物館籌備處を訪問した。案内してくださったのが、蔡焜霖氏であった。被害者でもあられる焜霖氏だが、物静かに人権抑圧の実態を説明してくださった。案内の最後に筆者が焜霖氏に、お兄様の励ましの日本語は聞こえたのですかと尋ねると、「はっきり聞こえました。体の弱い私にとり励みになりました」と答えられた。研修団が去るに際し、御礼を渡そうとしたが頑として受け取られず、「これを受け取ったら兄に叱られます」とおっしゃった。頬に熱い感動が伝った。

日台関係研究会関連書籍

中村勝範編著『運命共同体としての日本と台湾』展転社、一九九七年、三八二頁、二〇〇〇円
中村勝範編著『運命共同体としての日米そして台湾』展転社、一九九八年、二九四頁、一八〇〇円
浅野和生著『君は台湾のたくましさを知っているか』廣済堂出版、二〇〇〇年、二三〇頁、一三九〇円
中村勝範、楊合義、浅野和生『日米同盟と台湾』、早稲田出版、二〇〇三年、二六二頁、一七〇〇円
中村勝範、涂照彦、浅野和生『アジア太平洋における台湾の位置』早稲田出版、二〇〇四年、二五四頁、一七〇〇円
中村勝範、黄昭堂、徳岡仁、浅野和生『続・運命共同体としての日本と台湾』早稲田出版、二〇〇五年、二三八頁、一七〇〇円
中村勝範、楊合義、浅野和生『東アジア新冷戦と台湾』早稲田出版、二〇〇六年、二一二頁、一六〇〇円
中村勝範、楊合義、浅野和生『激変するアジア政治地図と日台の絆』早稲田出版、二〇〇七年、二一三頁、一六〇〇円
中村勝範、呉春宜、楊合義、浅野和生『馬英九政権の台湾と東アジア』早稲田出版、二〇〇八年、二五四頁、一六〇〇円

浅野和生著『台湾の歴史と日台関係』早稲田出版、二〇一〇年、二二三頁、一六〇〇円

日台関係研究会編『辛亥革命100年と日本』早稲田出版、二〇一一年、二八七頁、一五〇〇円

浅野和生、加地直紀、松本一輝、山形勝義、渡邉耕治『日台関係と日中関係』展転社、二〇一二年、二一五頁、一六〇〇円

浅野和生、加地直紀、松本一輝、山形勝義、渡邉耕治『台湾民主化のかたち』展転社、二〇一三年、二二二頁、一六〇〇円

浅野和生、加地直紀、渡辺耕治、新井雄、松本一輝、山形勝義『日台関係研究会叢書1　中華民国の台湾化と中国』展転社、二〇一四年、二三二頁、一六〇〇円

浅野和生、松本一輝、加地直紀、山形勝義、渡邉耕治、『日台関係研究会叢書2　一八九五―一九四五　日本統治下の台湾』展転社、二〇一五年、二四八頁、一七〇〇円

浅野和生、渡邉耕治、加地直紀、松本一輝、山形勝義『日台関係研究会叢書3　民進党三十年と蔡英文政権』展転社、二〇一六年、二四八頁、一七〇〇円

【執筆者略歴】

酒井正文（さかい　まさふみ）
昭和24年、静岡県生まれ。慶應義塾大学大学醫法学研究科修士課程修了。中部女子短期大学助教授、杏林大学教授を経て、平成国際大学教授（現職）。平成16年～24年まで法学部長。日本政治学会理事、日本選挙学会理事を歴任。現在、日本法政学会理事。〔主要著作〕『主要国政治システム概論』（共著、慶應義塾大学出版会）『満州事変の衝撃』（共著、勁草書房）『大麻唯男』（共著、財団法人櫻田会）『帝大新人会研究』（共著、慶應義塾大学出版会）など。n

渡邉耕治（わたなべ　こうじ）
昭和53年、神奈川県生まれ。平成13年平成国際大学法学部卒、平成15年平成国際大学大学院法学研究科修士課程修了。現在、国立台湾師範大学歴史学系博士課程。
（主要著作）「戦後台湾国際関係史」（『辛亥革命100年と日本』早稲田出版）、「日台関係における相互認識の変化」（『日台関係と日中関係』展転社）、「台湾帰属問題と日本」（『平成法政研究』第16巻第1号）、「中台関係二十五年の回顧―政治・経済関係を中心に」（『台湾民主化のかたち』展転社）、「馬英九政権の対中政策」（『中華民国の台湾化と中国』展転社）、「中華民国による台湾接収の経過」（『一八九五―一九四五 日本統治下の台湾』）、「戒厳体制下における党外活動と民進党の結成」（『民進党三十年と蔡英文政権』）。

山形勝義（やまがた　かつよし）
昭和55年、茨城県生まれ。平成15年国士舘大学政経学部卒業、同17年平成国際大学大学院法学研究科修士課程修了、同23年東洋大学大学院法学研究科博士課程単位取得満期退学。現在、東洋大学アジア文化研究所客員研究員。日本政治学会、日本法政学会、日本選挙学会、日本地方自治研究学会、日本地方自治学会会員。
（主要著作）「陳水扁政権期の「公民投票」の実現―民主化の一里塚としての国民投票―」（『民進党三十年と蔡英文政権』）「日本統治下の台湾における地方行政制度の変遷」（『一八九五―一九四五 日本統治下の台湾』）、「中華民国の地方自治と中央政府直轄市」（『台湾民主化のかたち』展転社）、「中華民国における五権憲法の実態―中国から台湾へ・監察院の制度と組織―」（『日台関係と日中関係』展転社）「アジア諸国における権威主義体制の崩壊と情報公開システムの形成―韓国・タイ・台湾を事例に―」（『法政論叢』日本法政学会）、ほか。

松本一輝（まつもと　かずてる）
昭和54年、東京都生まれ。平成15年平成国際大学法学部卒、同17年平成国際大学大学院法学研究科修士課程修了、現在　日台関係研究会事務局。日本選挙学会、日本法政学会会員。
（主要著作）「民進党の三十年と立法委員選挙」（『民進党三十年と蔡英文政権』）「日本の台湾領有と憲法問題」（『一八九五―一九四五 日本統治下の台湾』）、「六大都市選挙に見る『中華民国の台湾化』」（『中華民国の台湾化と中国』展転社）「台湾の民主化と各種選挙の実施」（『台湾民主化のかたち』展転社）、「中華民国の戦後史と台中、日台関係」（『日台関係と日中関係』展転社）、「労働党ブレア政権の貴族院改革」（『平成法政研究』第14巻第1号）、「オリンピック開催地決定の経過と政治の役割」（『平成法政研究』第12巻第1号）。

加地直紀（かち　なおき）
昭和36年　岐阜県生まれ。慶應義塾大学大学院法学研究科修了。
平成国際大学法学部准教授。日本選挙学会、日本法政学会会員。
（主要著作）「国際協調論者田川大吉郎における対外認識の矛盾」（『満洲事変の衝撃』勁草書房）、「翼賛選挙と尾崎行雄」（『平成法政研究』第9巻第2号）、「尾崎行雄のシナ征伐論」（『日台関係と日中関係』展転社）、「李登輝小伝」（『台湾民主化のかたち』展転社）、「李登輝による中華民国の台湾化」（『中華民国の台湾化と中国』展転社）、「台湾領有をめぐる日本の反応」（『一八九五―一九四五 日本統治下の台湾』）「民主進歩党結党から陳水扁政権樹立まで」（『民進党三十年と蔡英文政権』）。

浅野和生（あさの　かずお）

昭和34年、東京都生まれ。昭和57年慶應義塾大学経済学部卒業、同63年慶應義塾大学大学院法学研究科博士課程修了、法学博士。昭和61年中部女子短期大学専任講師、平成2年関東学園法学部専任講師、後、助教授、同8年平成国際大学法学部助教授を経て、同15年より教授。日本選挙学会理事、日本法政学会理事、日本地方政治学会理事。

【著書】

『大正デモクラシーと陸軍』（慶應義塾大学出版会）『君は台湾のたくましさを知っているか』（廣済堂出版）『台湾の歴史と日台関係』（早稲田出版）『親台論』（ごま書房新社）

【共著書】

『民進党三十年と蔡英文政権』『一八九五—一九四五　日本統治下の台湾』『中華民国の台湾化と中国』『台湾民主化のかたち』『日台関係と日中関係』『運命共同体としての日本と台湾』（以上、展転社）『日米同盟と台湾』『アジア太平洋における台湾の位置』『続・運命共同体としての日本と台湾』『東アジア新冷戦と台湾』『激変するアジア政治地図と日台の絆』『馬英九政権の台湾と東アジア』（以上、早稲田出版）

日台関係研究会叢書4
日台関係を繋いだ台湾の人びと

平成二十九年十二月十五日　第一刷発行

編　者　浅野　和生
発行人　藤本　隆之
発　行　展　転　社

〒101-0051　東京都千代田区神田神保町2-46-402
TEL　〇三（五三一四）九四七〇
FAX　〇三（五三一四）九四八〇
振替〇〇一四〇—六—七九九九二
印刷製本　中央精版印刷

定価［本体＋税］はカバーに表示してあります。

ISBN978-4-88656-450-4